LETTRES

D'AUGUSTE COMTE

A

HENRY EDGER

ET A

M. JOHN METCALF

TYPOGRAPHIE

EDMOND MONNOYER

LE MANS (Sarthe)

RELIGION DE L'HUMANITÉ

VIVRE POUR AUTRUI

ORDRE ET PROGRÈS   VIVRE AU GRAND JOUR

LETTRES
D'AUGUSTE COMTE

FONDATEUR DE LA RELIGION UNIVERSELLE
ET PREMIER GRAND-PRÊTRE DE L'HUMANITÉ

A

HENRY EDGER

ET A

M. JOHN METCALF

DISTRIBUTION GRATUITE

PARIS

APOSTOLAT POSITIVISTE

1, PLACE DE LA VIEILLE-ESTRAPADE, 1

(Près du Panthéon)

1889

CENT ET UNIÈME ANNÉE DE LA GRANDE CRISE

AVERTISSEMENT

Au nom de tous les positivistes, je dois ici remercier profondément Mme veuve Henry Edger de m'avoir autorisé à publier ces admirables lettres du Fondateur du Positivisme, et de m'avoir confié pour cela les précieux originaux qu'elle possède. Outre les inestimables enseignements moraux et religieux que ces lettres renferment, elles vont nous permettre surtout de nous mieux pénétrer de la sublime et inépuisable bonté de notre Maître, qui ne cessait de *se faire tout à tous,* suivant l'expression de son éternelle compagne. C'est un nouveau document apporté à sa glorification, et une nouvelle impulsion donnée au progrès continu de son ascendant subjectif, principale base du triomphe de la Religion universelle.

Ces douze lettres, appartenant aux quatre dernières années de la vie de notre Maître, furent adressées à M. Henry Edger (né le 22 janvier 1820 à Chelwood Gate, dans la commune de Fletching, Sussex, Angleterre, et décédé à Versailles le 25 Archimède 100 — 18 Avril 1888), lorsque notre confrère résidait aux États-Unis, dont il devint citoyen adoptif dès 1861. Voici, d'ailleurs, la reproduction exacte de la suscription que toutes ces lettres portent sur l'enveloppe :

A Monsieur Henry EDGER,

Modern Times, Thomson's Station,

LONG-ISLAND,

État de New-York.

(États-Unis d'Amérique, par le Havre (*).

L'impression de ces lettres était déjà commencée, lorsque M. Richard Congreve eut l'heu-

(*) Les trois dernières portent *par l'Angleterre.*

reuse inspiration d'écrire à **M. John Metcalf**, ami et premier adhérent de **M. Edger**, en le priant de m'autoriser à publier ensemble avec celles-ci les quatre lettres que notre Maître lui adressa vers la même époque. **M. Metcalf**, qui réside maintenant à l'État d'Ohio de la Fédération américaine, et qui conserve encore toute vivante la foi de sa jeunesse, s'empressa de m'accorder cette autorisation ; mais ne lui étant pas possible de me remettre les originaux, dont deux d'ailleurs ont été égarés, la publication a dû se faire d'après une copie qu'il avait naguère envoyée à **M. Congreve**, qu'il pria de me la transmettre. Qu'il reçoive ici le témoignage de ma plus vive reconnaissance pour m'avoir ainsi permis d'ajouter à cette édition ce précieux et indispensable complément, qui présente surtout un si haut intérêt au point de vue de la question prolétaire. Le premier Grand-Prêtre de l'Humanité y a exposé, en effet, avec son incomparable sagesse et sa pleine indépendance habituelle, les grands devoirs qui incombent aujourd'hui aux prolétaires occidentaux, afin de concourir à l'œuvre régénératrice qui doit les incorporer dignement au sein de la société moderne.

Je dois enfin remercier mes frères d'Angleterre et du Brésil, qui, par l'organe de leurs chefs respectifs, M. Richard Congreve et M. Miguel Lemos, ont bien voulu couvrir les frais de cette importante publication.

JORGE LAGARRIGUE,

Apôtre de l'Humanité,

Né à Valparaiso le 21 Septembre 1854.

Paris (1, place de la Vieille-Estrapade, près du Panthéon),
le Mardi 15 Aristote 101 (12 Mars 1889).

LETTRES D'AUGUSTE COMTE

A

HENRY EDGER

I

A M. H. Edger,   Long-Island (New-York).

Paris, le Jeudi 19 Aristote 66 (*).

Monsieur,

Je suis maintenant absorbé par le quatrième et dernier volume de mon *Système de Politique positive*, dont l'impression commencera, je l'espère, avec Avril, et qui sera publié vers le milieu de la présente année. Me voilà donc, pour toute cette session philosophique, à mon régime de travail, ne sortant que le Mercredi, ne consacrant que le Jeudi, soit aux entrevues, soit à mes correspondances. Cependant j'éprouve le besoin de ne pas retarder davantage ma réponse sommaire à votre précieuse lettre du 19 Homère, que j'ai reçue avant-hier.

Elle annonce une âme à la fois énergique, intelligente, et tendre, susceptible d'un vrai dévouement, qui, jusqu'ici mal appliqué, peut recevoir une noble destination dans la

-----

(*) Le 16 Mars 1854. (J. L.)

I

grande rénovation réservée à notre siècle. Afin de mieux fixer mon opinion et mon action sur vous, je désire savoir votre âge. L'enthousiasme sincère que vous manifestez si dignement indiquerait une virilité voisine de la jeunesse. Mais, ayant eu moi-même le bonheur de conserver ce feu sacré, quoique j'aie récemment commencé ma cinquante-septième année, je ne saurais compter sur cette conjecture envers vous. Veuillez donc dissiper mon incertitude à cet égard.

La pleine adhésion que vous m'exprimez m'offre beaucoup de prix. De tels résultats fournissent à ma maturité la meilleure récompense et le plus puissant encouragement pour la construction à laquelle ma première jeunesse voua l'ensemble de ma vie. Il me reste à mériter de plus en plus ce religieux ascendant que m'accordent librement les natures les plus difficiles à discipliner aujourd'hui, parce que, destinées à gouverner le dix-neuvième siècle, les unes par le conseil, les autres par le commandement, elles n'y peuvent dignement parvenir que d'après une subordination volontaire au sacerdoce régénérateur. Votre cas me présente un nouvel exemple, qui me semble pleinement décisif, de l'aptitude à cette noble soumission chez les âmes les plus égarées par les utopies anarchiques, pourvu que, au milieu de leurs rêves métaphysiques, elles aient toujours conservé la vénération ou le dévouement, avec un respect sincère et profond pour la liberté. Mais, outre cette satisfaction, que j'eus déjà le bonheur d'obtenir envers d'éminents révolutionnaires, votre lettre m'offre un intérêt plus spécial, à la fois public et privé, dans l'angélique influence exercée sur vous par mon immortelle patronne.

Cette intime sympathie s'est fait d'autant mieux sentir

en moi que je lus hier votre excellente lettre à l'instant
de partir pour ma visite hebdomadaire à la tombe chérie
qui, depuis huit ans, préside à mon principal perfectionnement. J'ai donc pu savourer ainsi, dans toute sa plénitude, cette réalisation naissante des espérances que
j'osai concevoir, dès 1851, en publiant ma sainte dédicace,
sur l'extension d'une telle adoration parmi les cœurs,
même masculins, qui sauraient apprécier l'influence de ce
culte personnel sur ma mission sociale. Votre concours
spontané m'assure déjà que, quand ma vie objective sera
terminée, l'ange qui m'inspira la vraie religion conti-
nuera d'être sincèrement invoqué par de dignes servi-
teurs de l'Humanité. Loin de m'étonner que le premier
aveu d'une telle association me vienne d'aussi loin, j'avais
prévu, depuis trois ans, qu'il surgirait d'abord dans cette
immense colonie où les rénovateurs occidentaux trouvent,
depuis deux siècles, une liberté spontanée, quand leur
énergique émancipation les conduit à dédaigner l'oppression d'un milieu déréglé. Sauf le noble centre positiviste
qui s'est formé graduellement à Paris, le pays que vous
habitez maintenant devient aujourd'hui la seule partie de
l'Occident où l'on puisse ouvertement pratiquer le culte,
public et privé, dans lequel notre nature cherche en elle-
même les meilleures ressources de son perfectionnement
moral, au lieu de l'attendre d'une intervention étrangère
et chimérique.

Votre digne participation au subside sacerdotal me
touche profondément, malgré sa présente exiguïté, parce
que je suis convaincu qu'elle est vraiment proportionnée
à vos moyens, avec lesquels je ne doute pas qu'elle
croisse suivant le noble engagement que vous m'annoncez.
Ces dix francs me sont déjà parvenus, je crois, le jour

même où vous m'écriviez, par mon libraire (M. Carilian), qui s'était chargé de me les transmettre pour un de ses confrères dont il ne me dit pas le nom et d'après lequel devait être envoyé le reçu que je formulai, suivant la désignation indiquée, à M. Henri Edgar. La similitude du nom et l'identité de la somme ainsi que l'époque de son versement, me faisant présumer qu'elle vient de vous, je joins ici pourtant, pour plus de certitude, un nouveau reçu, que vous déchirerez si vous avez déjà l'autre.

Salut et Fraternité.

AUGUSTE COMTE,
(10, rue Monsieur-le-Prince.)

II

A M. H. Edger,   Long-Island (New-York).

Paris, le Vendredi 20 Dante 66 (*).

Monsieur et cher disciple,

Je me félicite que l'achèvement du volume qui m'absorba pendant six mois me permette de répondre immédiatement à votre excellente lettre du 6 Dante, que j'ai reçue hier. Mon tome final est entièrement terminé depuis quatre jours, et sera publié dans trois semaines, sous le titre spécial de *Tableau synthétique de l'avenir humain*.

Le milieu mental que vous me décrivez si bien constitue le plein développement de l'anarchie occidentale. Mais je vois avec satisfaction que vous n'en êtes point effrayé. Vous me semblez avoir sainement apprécié les germes de réorganisation qu'il comporte, et dont la culture vous est réservée. Je préfère, comme vous, cet individualisme complet et systématique au vague socialisme qui, sans être plus raisonnable, devient plus oppressif. Tant que cette rupture avec le présent, et surtout avec le passé, reste essentiellement intellectuelle, je la crois très susceptible d'être surmontée par la doctrine organique sous l'influence des affections domestiques et de l'activité pratique. C'est pourquoi je partage vos espérances sur la possibilité de trouver, dans le milieu le

(*) Le 4 Août 1854. (J. L.)

plus déréglé, le prochain noyau d'une véritable Église positive. Il ne faut regarder comme incurables que les hommes sans cœur et sans caractère.

Quelque troublé que soit l'esprit des autres, il faut entreprendre avec confiance une guérison qui constitue la destination actuelle du positivisme. Toutes les âmes qui donnèrent, même par leurs extravagances, des preuves réelles de dévouement et d'énergie, sont pleinement accessibles à la religion de l'Humanité. Quand elles seront régénérées, leur valeur morale se développera davantage, en se vouant dignement au gouvernement, spirituel ou temporel, d'un monde qu'elles ont d'abord troublé.

Dans cette transformation, où le sentiment constitue votre meilleur appui, vous devez surtout compter sur l'influence féminine. Je suis profondément touché de la part que vous attribuez au positivisme pour le rétablissement de votre propre harmonie conjugale. Un tel résultat me procure l'une des principales récompenses que comporte la régénération à laquelle j'ai voué ma vie. Il doit aussi me fournir un puissant encouragement, en prouvant l'efficacité de la synthèse que j'ai fondée envers les maux les plus intimes de la société moderne. Mais cet exemple peut également vous indiquer combien il vous importe d'obtenir la digne coopération des femmes à la noble mission que vous voulez accomplir. La plupart des ménages qui vous entourent sont probablement troublés, autant que le fut le vôtre, par les aberrations de l'esprit masculin. Vous pouvez utilement invoquer contre elles le sentiment féminin qui les modifie en silence, et que vous aurez bientôt rendu sympathique avec vos efforts systématiques.

En travaillant à la régénération des autres, vous développerez et consoliderez la vôtre ; de la même manière qu'enseigner constitue le meilleur moyen d'apprendre quand on est assez fort et suffisamment avancé. Vous me paraissez doué des principales qualités, synthétiques et sympathiques, qu'exige une telle mission. D'après votre âge vous pouvez aspirer à devenir un digne prêtre de l'Humanité, si vous appliquez votre énergie à vous procurer, par des études solitaires, l'initiation encyclopédique, et surtout mathématique, indispensable au sacerdoce. Mais tout cela doit s'accomplir sans nuire à votre profession spéciale ; chaque positiviste devant montrer, par sa conduite, que sa foi, loin de le détourner de son office civique, le dispose à le mieux remplir. J'ai lieu de présumer aussi, d'après la fin de votre lettre, que vous sentez l'importance de la culture esthétique, naturellement liée à l'appréciation féminine.

Votre indication sur le culte catholique achève de me prouver que vous êtes pleinement dégagé des préjugés irréligieux ou métaphysiques. Mais je ne pense pas que votre milieu comporte une telle tentative, faute des croyances correspondantes. Ce n'est point par la messe que le culte catholique peut préparer à l'adoration positive. La transition se fait mieux d'après la Vierge, qui fournit aux âmes espagnoles, ainsi qu'aux italiennes, une idéalisation spontanée de l'Humanité, d'après l'apothéose de la Femme. Il serait, je crois, possible d'instituer, surtout en italien, avec une musique appropriée, un véritable office positiviste de la Vierge, qui serait fort utile pour préparer le culte final. Toutefois, une telle transformation convient mieux à l'Amérique du Sud qu'à celle du Nord. Je crois donc que ce projet fait beaucoup d'honneur à votre âme, mais qu'il avorterait dans votre présent milieu.

Depuis un an, M. Lonchampt a fait paraître une seconde édition de son précieux *Essai sur la prière* (Août 1853). Votre libraire n'a qu'à s'adresser au mien (Carilian et Dalmont, libraires des ponts et chaussées, 49, quai des Augustins), pour vous procurer cet opuscule, qui se vend à Paris un *demi-franc*. Je suis heureux de voir que vous en sentiez la valeur, et je crois qu'il pourrait en effet vous fournir des ressources domestiques, outre l'assistance qu'il comporte envers votre digne propagande.

Tout à vous.

AUGUSTE COMTE.

(10, rue Monsieur-le-Prince.)

P.-S. — J'ai récemment invité M. Ewerbeck à fraterniser avec vous. C'est un docteur allemand, à peu près de votre âge, qui se trouve maintenant en Highland, comté de Madison, état d'Illinois. Quoiqu'il ne soit pas positiviste, il connaît assez notre doctrine pour que votre action sur lui puisse utilement modifier le vague germanique dans lequel il reste plongé.

III

A M. H. Edger,   Long-Island (New-York).

Paris. le Vendredi 20 Frédéric 66 (*).

Mon cher disciple,

Le tome quatrième et dernier de mon *Système de Politique positive* ayant ici paru le 1ᵉʳ Septembre, je suis étonné que vous ne l'ayez pas encore reçu, deux mois après, quand vous m'avez écrit la bonne lettre que j'ai reçue avant-hier. Ce volume est le plus décisif de tous, soit pour fixer votre foi, soit afin de diriger votre propagande. Mais vous l'avez probablement à l'instant où je vous réponds.

Votre consciencieuse lettre m'offre un ensemble très satisfaisant, et me touche beaucoup par la confiance que vous m'y témoignez, même envers des projets que je ne puis approuver. J'y dois répondre en vous exprimant, avec une digne franchise, les principales impressions qu'elle m'a produites.

Je ne puis adopter votre projet d'une sorte de monastère positiviste. Il me semble directement contraire à l'essor des affections domestiques, que notre religion érige en fondement nécessaire de l'existence sociale. Si, parmi les hommes exceptionnels qui vous entourent, quelques-uns, fatigués de leur isolement, sentent un vague besoin

____

(*) Le 24 Novembre 1854. (J. L.)

1*

de se rapprocher, il vaut mieux que ce poids les pousse à la vie de famille, au lieu de leur donner une satisfaction illusoire en instituant un régime dont les avantages réels seraient seulement matériels. Quant à l'utilité d'y construire un lieu de refuge pour les positivistes persécutés, cette prévision serait peu conforme à l'esprit de notre religion. Outre que rien n'indique encore des tracasseries capables de pousser à l'exil, nous devons surtout regarder comme une obligation de ne pas quitter le poste où l'Humanité nous a placés d'après l'ensemble de ses antécédents, et d'où chacun de nous peut seul tirer toute l'efficacité qui nous est permise. Le positivisme n'est point destiné surtout aux natures et situations exceptionnelles ou factices. Tout en s'appliquant à tous les cas, il doit principalement se développer dans les centres actuels et normaux de la population humaine, sièges nécessaires de ses opérations.

En général, vous devez éviter d'attacher trop d'importance à l'entourage anomal qui vous occupe maintenant. J'estime que, dans les meilleurs milieux, le positivisme ne doit aspirer qu'à convertir *un millième* de la génération actuelle, qui, radicalement sacrifiée, restera, pour l'immense majorité, vouée à des oscillations empiriques entre l'anarchie et la rétrogradation. Toutefois, cette faible proportion d'âmes régénérées suffira pleinement à la solution occidentale, puisque ce petit nombre gouvernera le grand. Mais les vraies conversions doivent être spécialement rares dans le milieu plus déréglé qui vous entoure maintenant. Les succès que vous y pourrez obtenir ont pourtant beaucoup de prix, en constatant l'efficacité de la religion positive, même envers les cas les plus défavorables. Néanmoins, ils doivent surtout vous servir à recommander notre foi parmi les conservateurs, qui, partout, et principalement aux États-Unis, constituent naturellement les meilleurs adeptes du positivisme. C'est de là qu'émana ce noble H. Wallace (de Philadelphie) que nous perdîmes prématurément à la fin de 1852, et qui, dans sa mémorable visite de 1851, vint invoquer la foi positiviste contre l'imminente irruption de l'anarchie américaine.

Une appréciation plus spéciale de cette destination doit déjà vous conduire à diriger surtout votre prosélytisme vers les femmes, en leur faisant sentir les ressources morales et les garanties sociales que leur procure notre religion. Elles doivent être radicalement dégoutées de la sécheresse protestante et déiste, malgré le vain appât de l'interprétation théologique et de l'attitude doctorale, même chez celles qui renoncent aux privilèges normaux de la femme pour aspirer au désastreux nivellement des sexes. Je présume que votre traduction du *Catéchisme positiviste* fructifiera surtout dans ce milieu.

Ce résultat sera facilité par le perfectionnement que réalise mon volume final en plaçant irrévocablement le culte avant le dogme. Ma préface vous indiquera le moyen facile d'introduire ce progrès dans votre traduction actuelle du *Catéchisme*, sans attendre que je l'applique moi-même à la seconde édition. Il suffit que l'*Introduction* comprenne deux entretiens au lieu d'un seul, d'après l'adjonction de la partie du premier entretien sur le dogme qui concerne la théorie fondamentale du Grand-Être.

Tous les efforts de propagande que vous me décrivez méritent ma sincère gratitude et mes paternels encoura- gements. Ils fortifient de plus en plus mon espoir primitif de vous voir devenir le digne chef d'un précieux foyer du positivisme en Amérique. Je conçois que, à votre âge, et surtout d'après les entraves de votre position, vous soyez peut-être forcé de renoncer au sacerdoce proprement dit, faute de remplir assez les conditions difficiles qu'il exige d'une initiation encyclopédique sans laquelle nous ne pourrions résister aux attaques scientifiques. Mais, quoique je ne doive jamais me relâcher, envers cette préparation théorique, de la sévérité normale qu'impose la nature de notre religion, je puis partout utiliser le dévouement et l'aptitude, en développant, au lieu du sacerdoce, l'apostolat proprement dit, toujours accessible à quiconque offre du zèle et du talent. A vrai dire, il n'existe encore, même à Paris, d'autre prêtre de l'Humanité que moi, malgré de dignes apprentissages, dont aucun n'est maintenant achevé. Néanmoins, je pourrais déjà suffire aux besoins de culte, domestique ou civique, qui se feraient sentir, par des délégations spéciales et temporaires aux vrais apôtres que je chargerais de me remplacer au besoin La crainte de ne pouvoir jamais parvenir au sacerdoce ne doit donc pas ralentir votre zèle, qui pourrait être pleinement utilisé dans le mode ou degré purement apostolique, d'après lequel doit aujourd'hui s'accomplir la principale propagation du positivisme, sans compromettre la hiérarchie normale dont l'avènement sera très lent.

Quelques jours avant l'arrivée de votre lettre, j'avais reçu la visite de M. Ewerbeck, revenu d'Amérique depuis un mois. Il n'avait aucune connaissance de la lettre que vous m'indiquez, ni même de celle où je l'invitais à se mettre en contact avec vous, tant le service des postes est mal fait dans l'intérieur des États-Unis. L'avortement de cette relation personnelle est d'autant plus regrettable que M. Ewerbeck, avant de s'embarquer, resta plusieurs semaines à New-York en plein loisir, qu'il aurait agréablement utilisé par des excursions à Long-Island.

J'ai reçu, le 6 Descartes, l'intéressant article que vous m'avez envoyé dans le *Leader* de New-York. Quelques semaines auparavant, M. Ewerbeck m'adressa, de sa résidence en Illinois, un autre journal américain, renfermant l'étrange annonce dont vous me parlez sur une prétendue réunion positiviste à Lyon. Vous ne devez regarder cela que comme une fable ridicule, émanée d'un singulier mélange d'illusion et de mystification, trop ordinaire parmi les journalistes de tous pays.

Sans avoir spécialement consulté M. Lonchampt sur votre projet de correspondance avec lui, je puis déjà vous assurer qu'il sera très heureux de votre initiative. C'est l'un de mes disciples qui sentent le mieux l'importance des contacts personnels entre tous les positivistes. Quoiqu'il n'ait pas encore trente ans, il s'est irrévocablement enrôlé parmi les praticiens aspirant à devenir patriciens.

Relativement à la question secondaire que vous me soumettez sur la disposition des édifices, la religion positive ne prescrit rien qu'envers les temples, dont l'axe doit être partout dirigé vers Paris. Cette même loi conviendrait à l'oratoire privé qui fera partie de l'appartement normal du moindre positiviste. Mais il suffit que le croyant prenne cette attitude pendant ses prières, ce qui peut s'accomplir dans les lieux quelconques, moyennant une facile détermination géographique. La pratique que vous me décrivez à Modern Times confirme le besoin naturel de l'ordre chez les esprits les moins disciplinés. Quoique une telle règle soit préférable au pur arbitraire, il vaudrait mieux ne pas adopter de direction uniforme, et faire varier la disposition des rues ou des maisons suivant les vents qui dominent en chaque lieu.

Tout à vous.

AUGUSTE COMTE.
(10, rue Monsieur-le-Prince.)

P.-S. — Voici l'adresse dont vous avez besoin pour ouvrir votre fraternelle correspondance :

A Monsieur JOSEPH LONCHAMPT,

19, rue de l'Est,

Paris.

IV

A M. H. Edger,   Long-Island (New-York).

Paris, le Lundi 15 Aristote 67 (*).

Mon cher disciple,

Votre lettre du 18 Homère, que j'ai reçue le 9 Aristote, confirme mes espérances antérieures sur votre aptitude à former autour de vous un précieux foyer de positivisme. Ainsi surgi dans le canton le plus excentrique du pays le plus anarchique, il demontrera, de la manière la moins équivoque, la puissance de notre foi pour régénérer les révolutionnaires quelconques, quoiqu'elle soit surtout destinée aux conservateurs. J'admire la rectitude d'esprit et la fermeté de caractère que vous manifestez en poursuivant, avec une sage énergie, la conversion d'un tel milieu, qui doit, en effet, vous permettre de nombreux succès envers les âmes déviées dont l'âge comporte une vraie rénovation. La résistance spéciale que vous y trouvez chez les femmes est conforme à la nature de ce cas exceptionnel, où rien n'entrave les tendances anarchiques qui durent les y pousser. Mais je vous invite à ne pas perdre tout espoir, même envers celles qui sont impures, pourvu qu'elles restent assez tendres pour sentir l'aptitude affective de notre doctrine, quand elles seront fati-

(*) Le 12 Mars 1855. (J. L.)

guées de leurs aberrations, ce qui ne saurait beaucoup tarder.

Je dois pleinement approuver votre manière d'apprécier le déplorable mouvement de rétrogradation superstitieuse (1) que vous me décrivez, et qui, quoique commun à tous les Occidentaux, devait surtout se développer dans l'Amérique protestante. Il est, en effet, éminemment propre à convaincre tous les bons esprits de la nécessité d'éliminer entièrement le théologisme. Les croyances qui jusqu'ici n'étaient réprouvées que comme rétrogrades s'y montrent aussi devenues profondément anarchiques, de façon à devoir être plus dangereuses désormais pour l'ordre que pour le progrès, dont le positivisme fournit la seule garantie, également efficace dans les deux sens.

Heureux d'apprendre l'accomplissement de votre traduction du *Catéchisme positiviste*, je me félicite spécialement que vous y soyez secondé par votre épouse, que je dois ainsi juger favorablement disposée pour notre foi. Tout en garantissant votre harmonie domestique et la saine éducation de votre fils, cette précieuse conformité peut aussi faciliter beaucoup votre prosélytisme, en vous y procurant l'assistance d'une digne compagne, spécialement capable d'agir sur le cœur de vos élèves masculins, et surtout féminins.

M. Lonchampt, auquel j'ai fait part de votre cordial projet de correspondance, sera très heureux de voir bientôt commencer cette importante fraternisation, premier type des liens qui doivent, à travers l'Atlantique, se développer entre tous les vrais positivistes.

(1) Le spiritisme. (J. L.)

Pour satisfaire la sollicitude très naturelle que vous me témoignez envers trois jeunes savants, je dois d'abord vous inviter à regarder le docteur Segond comme un positiviste complet, qui, malgré son entourage académique, pourra réellement devenir un prêtre de l'Humanité, s'il surmonte suffisamment les influences officielles. Il fournit, en 1850, avec sa digne compagne, le second exemple du mariage positiviste, et je crois que leur fils sera dignement élevé d'après notre foi. Je regrette de ne pouvoir vous faire les mêmes éloges du docteur Robin, que je crois irrévocablement perdu pour nous. L'influence académique l'a rendu, de cœur et d'esprit, indigne de la généreuse mention que je fis de lui dans le premier volume de ma *Politique positive* : il exploite notre doctrine pour sa réputation, sans remplir aucun des devoirs correspondants. Quant à M. Verdeil, quoiqu'il me soit personnellement inconnu, j'ai lieu de croire qu'il vaut mieux.

L'opuscule manuscrit dont vous m'entretenez me semble très heureusement conçu pour adapter le positivisme à votre milieu spécial, en utilisant les aspirations confuses qui s'y sont vaguement formulées. Je dois donc vous encourager à poursuivre l'exécution de ce judicieux travail, mais en vous invitant à compléter, sous deux aspects essentiels, votre saine appréciation de notre constitution industrielle. Il y faut d'abord faire dignement ressortir le dogme de la gratuité du travail, qui caractérise l'industrie altruiste, et fonde la théorie positive du salaire, destiné seulement à renouveler les matériaux, soit les provisions consommées, soit les instruments usés pendant l'action pratique. En second lieu, vous devrez aussi mentionner la règle : *l'homme doit nourrir la femme,* comme principale base de la détermination des salaires, et motif essentiel de leur stabilité partielle. Si ces deux principes sont convenablement coordonnés avec ceux que vous me signalez, votre opuscule, ainsi complété, comportera certainement une haute utilité, qui, nullement bornée à votre présent milieu, pourra susciter une traduction française, en généralisant le titre.

Toutes les demandes que vous m'adressez envers le premier de nos sacrements me prouvent combien est actif et sérieux votre zèle continu pour notre propagande, à laquelle la pratique de nos consécrations pourrait beaucoup concourir, comme vous l'avez pensé. Je réponds à la première question, en vous informant que la *présentation* doit s'accomplir, autant que possible, pendant la première année, et, du moins, avant la fin de l'allaitement. Quant aux noms, vous savez que mon volume final annonce un supplément ultérieur à la liste résultée de notre Calendrier ; et je ne crois pas que le tems soit déjà venu d'exécuter cette opération, puisque les noms actuels peuvent longtems suffire envers les hommes, malgré qu'il convienne de les puiser presque tous dans les mois de Saint-Paul et de Charlemagne, les types moraux étant ordinairement insuffisants hors du moyen âge. Toutefois, je m'occuperai d'abord des compléments féminins, pour remédier au peu d'extension de nos présentes ressources à cet égard, quoiqu'elles puissent longtems suffire au service effectif. En ce qui concerne les parrains et marraines, les obligations, morales et matérielles, que nous leur prescrivons, ne permettent pas de les admettre hors des vrais croyants ; et cette condition doit même devenir plus stricte à l'égard de ces parents volontaires que pour ceux qu'on ne peut choisir. Mais, afin de faci-

liter les choix pendant la transition, on doit borner cette
exigence à reconnaître, outre le dogme fondamental de
l'Humanité, la loi du veuvage et la séparation des deux
pouvoirs. Un tel degré d'adhésion suffit pour garantir que
ceux qui, volontairement, acceptent un tel patronage,
sont aptes à bien seconder l'initiation du présenté.

Comme vous, mon cher disciple, j'espère que la présente année manifestera, d'une manière décisive, l'avénement, politique et religieux, du positivisme. La religion
de l'Humanité n'a pu jusqu'à présent susciter que des
appréciations provisoires, puisque son exposition directe
et complète appartient à mon récent volume. Mais, de-
venue pleinement jugeable, elle ne tardera pas à faire
profondément sentir son aptitude radicale à terminer
l'immense révolution où l'Occident est plongé.

Tout à vous.

Auguste Comte.

(10, rue Monsieur-le-Prince.)

P.-S. — J'espère que vous aurez maintenant reçu ma
Sixième circulaire annuelle, que je vous expédiai le
19 Moïse.

V

A M. H. Edger,   Long-Island (New-York).

Paris, le Jeudi 11 Dante 67 (*).

Mon cher disciple,

La délégation ci-jointe remplit le vœu spécial de votre précieuse lettre du 14 Charlemagne, partie de New-Yorck, le 11 Juillet, et venue sous mes yeux avant-hier. En vous autorisant à me remplacer dans cette cérémonie, je vous invite à vous y décorer du seul signe usité jusqu'ici pour indiquer le caractère sacerdotal, un ruban vert entourant le bras droit à son milieu. Quand vous m'aurez donné connaissance de la célébration, je la mentionnerai sur le Registre correspondant.

Je suis profondément touché de votre choix des deux prénoms qui, sans devoir encore être inscrits au Calendrier positiviste, sont déjà pourvus d'une consécration spontanée. Outre que tous les vrais croyants le reconnaissent envers mon éternelle collègue, ceux qui m'approchent le sentent aussi pour celle qu'elle traitait en digne sœur et que j'ai religieusement érigée en fille adoptive. Vous êtes le seul dont le grand cœur ait permis une pleine appréciation de mon incomparable Sophie sans l'avoir jamais vue. En lui lisant le touchant passage qui la concerne dans votre lettre, j'ai pu lui procurer la satis-

---

(*) Le 26 Juillet 1855. (J. L.)

faction la mieux adaptée à son admirable dévouement. Quand la sanctification peut exceptionnellement se déclarer pendant la vie objective, elle acquiert un nouveau prix, en développant le mérite de l'être adoré sans exciter sa vanité.

Envers le prénom provisoire que vous avez pris, je dois vous recommander, pour éviter un vicieux antécédent, de circonscrire dorénavant ces choix dans les mois de Saint-Paul et de Charlemagne, où se trouvent les seuls types féminins qui comportent le patronage moral (sauf toutefois Isabelle de Castille et Marie de Molina au mois de Frédéric). Toutes les autres femmes du calendrier historique ne représentant que le mérite intellectuel, elles ne sauraient servir de patronnes, même provisoirement. A plus forte raison, faut-il ainsi juger les choix masculins, à moins qu'on ne les applique à des enfans mâles, auquel cas le mois de César peut s'adjoindre aux deux suivants.

Pour vous ôter tout scrupule envers les deux prénoms dont vous avez définitivement doté votre fille, je dois vous informer qu'ils furent appliqués déjà, le 25 Décembre 1851, la seconde fois que je conférai le sacrement de la Présentation.

Quant à la marraine, les renseignements que vous me donnez, sans me sembler pleinement satisfaisants, me permettent d'approuver votre choix. Malgré sa disposition à la domination, la pureté de cette dame me fait espérer que cette cérémonie déterminera chez elle une réaction sympathique dont les suites pourront être heureuses pour tous, à mesure que se développera le lien volontaire qui va probablement lui tenir ainsi lieu des affections involontaires. La vicieuse prépondérance qu'elle semble accorder à l'intelligence ne résulte, sans doute, que des habitudes pédantocratiques dues au protestantisme, et se trouvera bientôt rectifiée peut-être par l'essor du sentiment, si Mme Hayward apprécie assez le positivisme pour apercevoir la belle carrière qu'elle s'ouvrirait en s'y vouant dignement.

Il serait difficile de vous exprimer combien je suis satisfait de l'admirable parrain que vous m'avez soumis, et dont la conversion me fournit déjà la réalisation de votre aptitude à devenir le digne chef d'un vrai foyer du positivisme en Amérique. Les précieux passages que vous m'avez cités de ses lettres m'ont rappelé la noble attitude des meilleurs soldats de Cromwell, combinant l'enthousiasme religieux avec l'activité politique. Ce rapprochement, qui n'offre rien de fortuit, indique la tendance du positivisme à développer la filiation normale entre la révolution française et la révolution anglaise. Oubliée ou comprimée dans son propre siège, celle-ci n'est vraiment appréciée que sous l'impulsion émanée de celle-là dans la nouvelle synthèse, seule capable de glorifier Cromwell et ses coopérateurs. Mais, l'Amérique septentrionale ayant surtout été colonisée par eux, leurs descendants doivent s'y retrouver, et pourront bientôt accueillir notre foi comme réalisant la régénération qu'ils n'ont cessé de poursuivre, quoique la lutte pour l'indépendance américaine leur ait seule permis jusqu'ici de manifester ces dispositions. Sous cet aspect, le positivisme doit faire surgir, parmi les prolétaires américains, les meilleurs promoteurs de la régénération du prolétariat britannique, trop étouffé dans la mère-patrie d'après la domination aristocratique et l'hypocrisie anglicane. En utilisant, avec zèle et sagesse, la situation américaine, les apôtres du positivisme y peuvent ranimer ces dispositions spéciales, de manière à faire profondément sentir la connexité radicale entre la vieille cause anglaise et la renovation religieuse qui s'accomplit à Paris.

Vos citations m'ont pleinement satisfait, sous un autre aspect capital, en montrant que l'affinité du positivisme et du catholicisme est dignement appréciée des vrais croyants. Je ne suis pas surpris que des âmes véritablement religieuses, comme M. J. Metcalf et vous, échappées à la sécheresse protestante, aillent chercher, dans les sanctuaires catholiques, l'équivalent provisoire des temples positivistes qui nous manquent, en y développant la tendance de la Vierge-Mère à représenter l'Humanité. Cette affinité, qui bientôt sera partout sentie, doit d'abord se manifester au milieu de l'anarchie américaine, où le catholicisme, purgé de ses vicieuses aspirations à dominer, se recommande surtout d'après son culte, seul apte jusqu'à nous à diriger l'essor habituel du sentiment.

Je viens d'achever l'opuscule promis à la fin de ma dernière circulaire, et j'espère que l'impression, déjà commencée, me permettra de le publier vers le milieu d'Août. Cet *Appel aux Conservateurs* (d'environ 160 pages in-8°) indique spécialement l'alliance religieuse dont ces précédents montrent l'opportunité spontanée entre le positivisme et le catholicisme. En y puisant les moyens de guider la coopération essentielle qui vous échoit dans cette sainte ligue, vous y serez conduit à sentir l'importance particulière d'un digne contact avec les jésuites, desquels émane, je présume, la principale direction du mouvement catholique en Amérique. Vous sentirez ainsi que leurs succès préparent les nôtres, puisque les conversions des protestants au catholicisme sont, au fond, les meilleurs acheminements au positivisme, seul apte à satisfaire les besoins moraux qui suscitent ces transformations. De plus, les contacts catholiques doivent vous permettre de propager la religion positive dans l'Amérique méridionale, et d'abord au Mexique, où les femmes, et même les prêtres, pourront l'accueillir, d'après les informations d'un digne positiviste espagnol qui vient de visiter ce pays. L'addition que je viens de faire, pour la septième édition du *Calendrier positiviste*, de l'admirable Indienne Marina, comme adjoint de Jeanne d'Arc, doit fournir, en tems opportun, des germes d'adhésion chez la malheureuse race mexicaine, ainsi disposée à sentir qu'on s'occupe d'elle à Paris. Une doctrine où tout se tient, abonde en moyens spéciaux de pénétrer partout en rattachant à l'ensemble chaque partie localement appréciée, comme on peut surtout le voir, pour l'Amérique espagnole, envers le mariage des prêtres, qui s'y trouve universellement désiré, tandis que le positivisme est seul apte à l'instituer dignement.

L'importance profonde que vous attachez, avec M. Metcalf, à la pratique quotidienne du culte intime et personnel, me prouve la plénitude de votre régénération, car le culte public, et même domestique, perdraient leur principale efficacité morale, et n'aboutiraient guère qu'à des impressions esthétiques, si cette base générale ne leur procurait une vraie consistance affective. On distinguera bientôt, parmi les positivistes, ceux qui pratiquent suffisamment le culte personnel, comme seuls aptes à développer l'ascendant social de notre foi dans le milieu sceptique qu'elle doit dominer pour le régénérer. Je suis ainsi conduit à vous féliciter de l'heureux perfectionnement que vous avez spontanément introduit à cet égard, en complétant la sollicitude générale envers la purification par une attention spéciale de chaque jour de la semaine à l'instinct personnel correspondant. En adoptant, dans ma propre pratique, dès lundi prochain, cet utile développement, j'y vois la preuve spéciale de la profondeur et de la sincérité de votre foi, comme de la réalité des hautes espérances que j'ai fondées sur vous pour l'apostolat positiviste.

D'après vos touchantes indications envers votre situation matérielle, je suis particulièrement conduit à vous recommander avec une paternelle insistance, de ne rien négliger afin de procurer à votre épouse un domicile plus digne d'elle et de vous. Les privations habituelles, que vous avez ainsi dû longtemps souffrir, augmentent mon affectueuse estime pour tous deux. Mais c'est pour vous un devoir urgent d'éviter qu'elles se prolongent davantage.

Tout à vous.

Auguste Comte.
(10, rue Monsieur-le-Prince.)

P. S. — Un artiste distingué, M. Étex, le statuaire-peintre mentionné dans mes préfaces, est parti de Paris le 5 Juin pour New-York, où je crois qu'il est arrivé vers la fin de juin. La précipitation de son départ ne m'ayant pas permis de lui préparer une lettre pour vous, je dus me borner à lui donner votre adresse, en l'invitant à vous voir de ma part. Quoiqu'il doive probablement être déjà rembarqué pour Paris, quand vous recevrez cette réponse, j'espère qu'il vous aura fait sa

1**

visite, que vous aurez, je n'en doute pas, accueillie comme il le mérite.

2ᵐᵉ P.-S. — N'oubliez pas de témoigner spéciale-ment à M. John Metcalf combien je me félicite que le positivisme ait fait, par votre intervention, une acquisi-tion aussi précieuse que la sienne, bientôt destinée à nous procurer beaucoup de dignes conversions.

VI

A M. H. Edger,   Long-Island (New-York).

Paris, le Vendredi 26 Descartes 67 (*).

Mon cher disciple,

Votre bonne lettre du 7 Descartes, que j'ai reçue
Mardi, m'offre, comme les précédentes, une intime
alliance entre l'enthousiasme et la réflexion, où doit désormais consister le principal caractère des positivistes,
depuis que, notre synthèse étant complète, les conversions peuvent être directement religieuses, sans s'arrêter
à la philosophie, simple moyen ou préparation. Cet
enthousiasme réfléchi, toujours propre à la foi démontrable, doit bientôt remplacer, avec beaucoup d'avan-
tage, le fanatisme qu'inspiraient les croyances indiscutables, et qui se trouvait nécessairement souillé d'or-
gueil ou de vanité, tandis que l'exaltation positiviste
résulte d'une excitation habituelle des instincts sympathiques, naturellement niés par le théologisme, surtout
monothéique.

En faisant suivre à ma réponse l'ordre de votre lettre,
je vous invite d'abord à renoncer au projet de prières
astrolâtriques qu'un zèle louable mais irréfléchi vous a
récemment inspiré. Pour déterminer la place que le
culte fétichique doit occuper dans l'ensemble de nos pra-

(*) Le 2 Novembre 1855. (J. L.)

tiques, hebdomadaires ou quotidiennes, il faut attendre ma théorie spéciale sur l'incorporation du fétichisme au positivisme, qui se trouvera directement ébauchée par le volume que je vais composer l'an prochain, mais ne sera pleinement développée qu'en mon *Traité de Morale*, publié seulement en 1859, comme vous le savez. Je peux même assurer dès à présent que votre projet accorderait trop d'importance à l'astrolâtrie, qui ne constitue qu'une partie de l'adoration fétichique, suivant mon tableau sociolâtrique. L'homme ne peut réellement honorer, dans les astres terrestres, que trois cas distincts; d'abord le Soleil, centre de notre monde; puis la Lune, directement subordonnée à notre séjour; enfin les planètes collectivement, comme compagnes de nos destinées célestes, en prenant pour type la principale d'entre elles (Jupiter). Toute subdivision de celles-ci doit être réservée au dogme, et ne conviendra jamais au culte, où la nomenclature de la semaine rappelle assez l'ancienne astrolâtrie, qu'il faut surtout considérer historiquement.

Je suis profondément sensible aux nobles émotions, si bien décrites dans votre lettre, que vous a suscitées la lithographie inopinément aperçue pendant votre charmante promenade à New-York. La digne identification que vous me reconnaissez avec ma sainte patronne doit un jour constituer ma principale récompense, et déjà je sens qu'elle ne me manquera point, quoique ma vie objective ne puisse guère la réaliser, sauf chez quelques âmes d'élite. Mais je regretterais que votre précieux enthousiasme consacrât une mauvaise lithographie, que j'ai toujours désavouée, comme indigne du remarquable tableau qu'elle prétend reproduire, et qui, j'espère, trouvera bientôt une meilleure traduction. Vous pourriez

consulter à ce sujet M. Gillespie, professeur de mathématiques à New-York, et dont vous sauriez le domicile
chez ses éditeurs (Harper frères, 82 Cliff-Street). D'après
les deux visites qu'il me fit cet été, je crois qu'il est plus
positiviste que ne l'indique l'excessive circonspection
avec laquelle il traduisit, en 1851, sous le titre de *The
philosophy of Mathematics*, le tome premier de ma *Philosophie positive*. Il pourrait vous montrer une excellente copie, faite par M. Étex lui-même pour M. Gillespie,
en mai dernier, de ma seule tête, d'après le tableau qu'il
a vu chez moi. Ceux qui veulent avoir mon image
peuvent maintenant se la procurer suffisamment, soit
en demandant un exemplaire de mon buste (dû pareillement à M. Étex), soit en faisant venir de chez Chapman,
éditeur à Londres [c'est l'éditeur de Miss Martineau,
8 King William street (Strand.)], une lithographie
hollandaise fondée sur une bonne photographie. .

Tout en regrettant que M. Lonchampt ne vous ait pas
répondu jusqu'ici, je dois vous informer que cet éminent
disciple se trouve, depuis le début de la présente année,
gravement préoccupé par l'établissement définitif de
sa position industrielle, qui doit, à trente ans révolus,
lui susciter de vives sollicitudes. Ainsi conduit à de fré-
quents voyages, il vient rarement à la Société Positiviste,
et moi-même je suis souvent sans nouvelles de lui. Mais
cette crise va bientôt cesser, et j'espère qu'il ne tardera
pas à vous exprimer directement la satisfaction qu'il m'a
déjà témoignée pour votre noble initiative à son égard.

Suivant le jugement que vous portez d'accord avec
M. Metcalf, il faut réellement se féliciter de la défection
d'une orgueilleuse marraine, qui n'est point capable de
sentir le glorieux avenir ouvert aux femmes propres à

seconder l'avénement social du positivisme. Pour éviter tout délai superflu, je joins ici l'autorisation addition-nelle où je m'en rapporte entièrement à vous quant au choix d'une digne collègue de M. J. Metcalf.

Les explications de votre lettre envers l'infortunée Miss Blaker me font vivement regretter sa perte préma-turée. Je suis ainsi conduit à ratifier l'adoration privée que vous lui vouez, d'accord avec ses vrais appré-ciateurs, qui ne peuvent, ce me semble, être que des positivistes, quoique elle-même n'ait pas eu le temps de le devenir. Mais, quant à l'adoration publique, il faut attendre un plus mûr examen.

Quoique je persiste à bien augurer de votre opuscule sur la constitution industrielle, vous avez sagement fait de ne m'en point envoyer le manuscrit. Outre le déran-gement que pourraient ainsi me susciter les communica-tions des essais tentés par mes disciples, vous avez dignement senti qu'ils doivent accepter une responsabi-lité complète, qui suppose une entière spontanéité. Mais je vous promets une exception spéciale à l'hygiène céré-brale qui m'interdit habituellement toutes lectures, comme je l'ai récemment fait pour l'opuscule initial d'un jeune positiviste de Dublin sur la présente guerre.

Relativement aux divers projets de publication critique dont vous me parlez ensuite, je dois vous recommander d'y renoncer entièrement. Les positivistes devant au-jourd'hui diriger le mouvement organique, ils doivent toujours se réserver l'initiative, sans jamais se soumettre à celle des penseurs incompétents. Quelque solides que fussent vos réfutations des sophismes anarchiques dont vous êtes entouré, vous y perdriez un temps et des forces qui méritent un meilleur usage. Vous ne devez au public qu'une critique indirecte et silencieuse, toujours résultée du contraste naturel entre l'exposition, générale ou spéciale, de la synthèse organique, et l'essor confus des utopies subversives. C'est seulement dans la conversation, ou tout au plus d'après quelques phrases incidentes d'un opuscule direct, que vous pourriez utilement signaler le côté positif que les plus folles conceptions offrent nécessairement, comme vous l'avez très bien senti, puisque toute opinion qui rallie, même passagèrement, des âmes honnêtes quoique égarées, doit reposer sur quelque motif, appréciable par la synthèse destinée à réaliser tous les programmes en les rectifiant.

Il est étrange que votre libraire ne vous ait pas procuré déjà mon *Appel aux Conservateurs*, publié le 7 Septembre à Paris. Cet opuscule doit surtout vous servir en déterminant l'attitude propre aux positivistes envers les différents partis actuels, mais il peut aussi guider l'action que vous devez bientôt aspirer à produire sur les conservateurs américains, à mesure que vous vous dégagerez des révolutionnaires parmi lesquels vous ferez peu de vrais prosélytes.

C'est avec beaucoup de raison que vous avez spontanément écarté le projet irréfléchi de votre éminent ami sur un signe extérieur. La croix appartient au catholicisme, comme le croissant à l'islamisme ; l'une ne convient pas plus que l'autre au positivisme. Quant à leur équivalent pour notre foi, c'est une sollicitude encore prématurée, dont la satisfaction finale exige notre avénement social. En attendant, nous sommes assez pourvus de devises décisives, et même de signes caractéristiques. Vous connaissez celui qui consiste à réciter notre formule fondamentale, en posant successivement la main droite sur les trois organes cérébraux qui correspondent à l'amour, à l'ordre, au progrès ; tandis que la main gauche placée sur le cœur indique qu'il faut du sang pour tout cela. Quant à des indices extérieurs et permanents, ils peuvent doublement dériver du drapeau positiviste, décrit au discours préliminaire de mon principal ouvrage. D'abord tous les positivistes peuvent, quand ils le jugent opportun, porter au milieu du bras le ruban vert dont j'entoure le mien dans mes fonctions sacerdotales, pourvu qu'ils le placent au bras gauche, en réservant aux prêtres le bras droit, ce qui prévient assez la confusion. Tous peuvent aussi suspendre à leur col ou sur leur cœur une petite reproduction de la statuette de l'Humanité qui surmonte l'axe du drapeau positiviste, sans s'inquiéter de sa ressemblance avec l'image de la Vierge-Mère des catholiques; puisque le culte de celle-ci doit finalement servir de transition populaire vers celui de notre déesse.

Un tel incident me conduit à vous féliciter spécialement des nobles déclarations qu'il vous suscite sur le besoin intime d'une digne soumission, tant d'esprit que de cœur. Émanée d'une âme dont l'énergie n'est point équivoque, une telle manifestation me fournit le meilleur symptôme de l'installation d'un véritable pouvoir spirituel, objet de tous mes efforts dès mon adolescence. A la fois condition et signe de l'avénement de la foi positive, cette précieuse disposition devait commencer chez ceux que le cœur a surtout convertis à la religion universelle, et leur exemple doit heureusement réagir sur les positivistes convertis par l'esprit, d'après leur origine fatalement révolutionnaire, comme la plupart de ceux qui m'entourent.

Notre Société s'est récemment enrichie d'un admirable

positiviste anglais, âgé d'environ trente ans, qui m'écrivait récemment d'une manière décisive sur cette disposition fondamentale. Il réfutait ceux qui lui reprochaient la soumission comme une servilité, par la simple reproduction d'une belle sentence de saint Paul *(Étant lié, je suis libre)*, où se trouvent dignement résumés les avantages essentiels de la vraie discipline, seule capable de dissiper l'ennui, le doute, et l'irrésolution que subissent les âmes dépourvues de règle. Je vous invite à fraterniser directement avec ce noble John Fisher, qui maintenant étudie la médecine, dans sa famille à Manchester (2, Trafford-Place Stretford New-Road). Il est destiné, je crois, à devenir le chef spécial des positivistes d'Angleterre, outre que j'espère qu'il pourra finalement obtenir le sacerdoce de l'Humanité. Son influence pourrait aussi concourir à tirer votre digne frère de la torpeur que vous m'indiquez et qui ne me semble nullement incurable, étant probablement due au défaut de destination et de direction, auquel le positivisme apporterait naturellement un remède décisif.

Avant-hier, 31 Octobre, partit d'ici pour Mexico l'un de mes meilleurs disciples, M. Pedro Contreras, âgé de trente ans, membre de la Société positiviste depuis sept ans. Éminemment synthétique, parce qu'il est profondément sympathique, il eut le bonheur, rare jusqu'ici, de passer directement du catholicisme au positivisme, sans traverser aucun scepticisme. Il m'a spécialement manifesté, dans sa visite d'adieu, coïncidant avec l'arrivée de votre lettre, son désir spontané d'entrer en relation avec vous, en vous écrivant dès son arrivée, d'après l'adresse qu'il a fidèlement copiée. La frappante analogie de vos deux natures me garantit que ce contact sera pareillement précieux des deux côtés, quoiqu'il ne puisse être formulé qu'en français. Outre ces nobles satisfactions personnelles, vos missions sociales peuvent ainsi s'assister réciproquement pour la digne introduction du positivisme dans les deux moitiés, ibérique et britannique, du monde américain.

Tout à vous.

AUGUSTE COMTE.

(10, rue Monsieur-le-Prince.)

P.-S. — Pedro Contreras pourra vous exposer la cérémonie à laquelle il assista chez moi, le 12 octobre, pour le premier exemple du préambule positiviste de l'union conjugale, institué dans le second chapitre du tome quatrième de la *Politique positive*. Ainsi se trouve irrévocablement complétée, dès le cinquième cas de notre mariage, la régénération décisive du lien fondamental.

VII

A M. Edger,

Long-Island (New-York).

Paris le Jeudi 3 Archimède 68 (*).

Mon cher disciple,

J'ai reçu samedi votre importante lettre du 7 Aristote à laquelle je n'ai pu répondre aussi promptement que de coutume, parce que je suis, depuis le 1er Février, occupé du grand ouvrage annoncé dans ma récente circulaire et dont elle promet un volume pour Octobre. Pendant cette longue session de travail, je n'ai de journée entièrement disponible que le jeudi, pour les entrevues et les correspondances.

Votre douloureuse révélation m'a plus affligé qu'inquiété. Depuis la puberté jusqu'à trente ans, je fus moi-même extrêmement troublé par l'instinct sexuel que j'ai finalement surmonté d'une manière complète, malgré son énergie prononcée dans ma constitution naturelle. Un pareil triomphe vous est certainement possible encore, et je ne doute pas que vous ne l'obteniez bientôt, en suivant la voie que vous me demandez. Les symptômes physiques dont vous me parlez n'indiquent que les suites ordinaires d'un épuisement qui reste pleinement réparable. Quant au découragement moral, il constitue la plus fâcheuse conséquence du trouble cérébral, et se dissipera comme lui, parce qu'il n'est aucunement motivé. Son extension jusqu'à votre récent opuscule (1) (que je reçus le 28 Moïse) me permet directement d'apprécier son peu de fondement, puisque la lecture de ce premier essai m'a com-

(*) Le 27 Mars 1856. (J. L.)
(1) *Modern Times, the Labor question and the Family.* (J. L.)

plètement satisfait, comme je chargeai M. Metcalf de vous l'annoncer en lui répondant le 3 Aristote. Il y règne un ton soutenu d'énergie et de dignité qui n'annonce aucun affaiblissement, et je fus spécialement touché de la noble attitude avec laquelle vous défendez vos voisins égarés contre les calomnies des lettrés de New-York. Par ses huit dernières pages, il offre une indication pratique de l'esprit et de la tendance du positivisme, plus nette et plus pleine que tout ce que j'ai vu jusqu'à présent.

L'importante consultation que votre état réclame et que votre noble soumission me demande avec une si touchante confiance doit être à la fois physique et morale. Sa prescription fondamentale consiste dans une chasteté complète, immédiatement instituée pour tout le reste de votre vie. Quoique vous m'ayez donné très peu de renseignements sur votre épouse, j'ai lieu de présumer qu'elle vous aidera spontanément à suivre ce précepte, loin d'en troubler jamais l'exécution. Il faut, en même tems, renoncer pour toujours à l'usage du vin, du café, des liqueurs, du thé, du tabac, en un mot des excitants quelconques, et ne boire que de l'eau, comme je le fais depuis onze ans au grand profit de mon estomac autant que de mon cerveau. Ce régime exige, d'autre part, pour éviter l'affaiblissement corporel et cérébral, que votre nourriture soit sobre mais substantielle, quoique les végétaux y doivent accompagner sa base animale, surtout bœuf ou mouton. Ma propre expérience m'ayant conduit à dîner avec *cent grammes net* de viande, suivis d'un plat de légumes, mon déjeuner n'étant d'ailleurs qu'une copieuse soupe au lait, je crois que cette dose journalière de chair doit être augmentée de moitié pour vous, vu votre âge et votre activité physique. Je ne puis ici procéder que par aperçu, puisque je ne vous ai jamais vu, vous seul devant, à cet égard, déterminer la mesure convenable, quand vous aurez bien saisi l'esprit et le plan d'un tel traitement ou plutôt régime.

Il ne peut être efficace, et même habituellement praticable, qu'en ne le séparant jamais du développement intellectuel et moral que vous devez poursuivre à la fois dans la vie privée et dans la vie publique, tant civique que religieuse. Vous avez une femme qui paraît digne de votre pleine affection, et des enfants propres à vous procurer les émotions et satisfactions domestiques : il suffit de développer ces précieuses ressources. En même temps, vous êtes enfin pourvu de convictions complètes et fixes, qui vous lient spécialement au grand œuvre du siècle exceptionnel, et vous appellent à figurer, par vos sentiments, vos talents, et votre conduite, parmi ceux que la postérité bénira comme m'ayant aidé personnellement à construire la vraie Providence. L'heureuse harmonie d'une noble énergie avec une digne soumission vous permet d'utiliser de plus en plus vos facultés de tout genre pour le service continu de l'Humanité, dont la considération active et permanente vous aura bientôt purgé des impressions et sollicitations émanées du plus perturbateur des instincts égoïstes. Depuis que vous m'avez indiqué votre institution hebdomadaire de la purification, je l'ai journellement appliquée à mon propre perfectionnement en plaçant à chaque prière du matin, pendant son début, la formule : « Aujourd'hui......., ma purification doit être spécialement relative à l'instinct....... » Celui qui, récemment, conçut un tel usage ne saurait être moralement indigne de la haute mission que je persiste à vous assigner comme fondateur de notre Église américaine. Un tel office, pleinement conciliable avec votre profession agricole, vous permet un développement altruiste habituellement capable de surmonter les impulsions égoïstes, et surtout celles qui proviennent d'un penchant nullement excusé par les nécessités corporelles ou cérébrales.

En vous livrant au digne essor de la vie publique, votre intelligence se trouvera normalement occupée à seconder un grand cœur. Mais si votre temps le permet, je vous invite à compléter son régime en réparant, autant que possible, les lacunes de votre éducation, par des études scientifiques, et surtout mathématiques, qui concourront à donner à vos pensées un meilleur cours habituel. Ne fût-ce qu'afin de mieux diriger la prochaine instruction de vos enfants, je vous engagerais à faire au moins une étude sérieuse de la *Géométrie* de Clairaut, que vous pourrez comprendre sans aide. Le volume que j'écris maintenant pourra d'ailleurs vous guider dans toutes vos méditations mathématiques, qu'il rendra spécialement connexes avec votre destination sociale et votre perfectionnement moral. Quoi qu'il en soit, c'est surtout par contraste et diversion que le positivisme traite les maladies morales, en développant l'altruisme pour surmonter l'égoïsme, que le catholicisme se bornait à comprimer directement, faute de consacrer la culture sympathique, ce qui souvent produisait l'effet contraire, suivant la remarque de l'*Imitation* : « Le soin de l'éviter nous fait même y courir. » Venant régler la vie humaine en y faisant toujours prévaloir le perfectionnement des sentiments, nous sommes finalement certains du succès si notre propre existence est le premier et permanent objet du régime que nous prêchons. Sans cette épreuve décisive, le public rendrait notre doctrine responsable de nos torts personnels, quoique sa supériorité morale soit maintenant constatée autant, et même davantage, que sa supériorité mentale, déjà reconnue des meilleurs esprits.

Avec un tel régime, aidé par la culture esthétique dont vous sentez le prix, vous aurez bientôt atteint l'équilibre cérébral qui, nécessaire à votre mission, doit, réciproquement, résulter surtout de son essor. Tous les projets de publications positivistes que vous m'indiquez me semblent aussi dignes de mon approbation que celui que vous avez réalisé récemment, et dont je vous félicite de préparer spécialement la suite naturelle sur la constitution industrielle, en vous aidant, pour la gratuité du travail, de la tendance spontanée que manifeste la doctrine empirique de vos voisins utopistes envers le *cost-price*. Votre plan, plus vaste et plus difficile, de fondation normale d'un domaine agricole exploité par de vrais positivistes, mérite une sérieuse attention et mes encouragements généraux. C'est à vous que je laisse décider si vous pouvez d'ailleurs remplir les conditions pratiques qu'il exige spécialement. Mais je dois vous féliciter d'une telle pensée, et surtout d'avoir assez présumé des riches américains pour espérer d'y trouver le digne patron d'une entreprise qui convertirait *Modern Times* en métropole provisoire du positivisme américain, tant civique que religieux. Ils sont, en effet, à mes yeux, dans la situation exceptionnelle que vous leur attribuez, et qui les rend, par compensation d'une oppression locale, plus susceptibles que les nôtres d'un généreux dévouement aux intérêts généraux de la civilisation humaine.

Quant au conseil que vous me demandez sur le projet de votre digne ami John Metcalf d'épouser une catholique, je pense, en général, que ce milieu peut davantage lui fournir une vraie compagne que le milieu protestant, déiste, ou sceptique, en un mot révolutionnaire à degré quelconque. Mais je l'engage, comme je le fis récemment pour l'ensemble de ses relations avec les catholiques, à se garantir contre les tendances dominatrices du catholicisme, même chez les femmes. Il peut, à cet égard, éprouver sa compagne projetée, en lui proposant, par suite de sa propre condescendance envers le mariage catholique, d'accepter la consécration positiviste, qui consiste surtout dans l'engagement du veuvage éternel, désormais précédé du chaste préambule dont je vous indiquai la première célébration (le 12 Octobre 1855), à laquelle a récemment succédé (le 6 Mars 1856) la touchante cérémonie où j'ai finalement uni le couple prolétaire. Si la future ne voulait pas accepter ces deux conditions, dorénavant inséparables, il serait imprudent de l'épouser, comme je l'ai spécialement indiqué dans la *Politique positive* envers les mariages mixtes. En tout cas, je ne pourrais alors accorder la célébration religieuse, sauf à s'en tenir au mariage civil.

Dans sa dernière lettre mensuelle, M. John Fisher m'a spécialement témoigné sa satisfaction du début de son contact avec vous. Je suis heureux de voir, de votre côté spontanément apprécier cette relation naissante, entre deux de mes meilleurs disciples, particulièrement dignes l'un et l'autre, d'après leur conformité naturelle de cœur, d'esprit, et de caractère. Tous deux me sont spécialement précieux par leur pleine et sincère adhésion à la sentence décisive où j'ai solennellement condensé le positivisme, dans la célébration du 6 Mars : *La soumission est la base du perfectionnement.*

Tout à vous.

AUGUSTE COMTE.

(10, rue Monsieur-le-Prince.)

P.-S. — On m'a récemment informé que dans l'édition américaine de la traduction de ma *Philosophie positive* par Miss Martineau, la digne préface de ce travail incomparable avait été sciemment altérée, de manière à convertir en blâme spécial l'adhésion formelle que mon éminente traductrice a réellement exprimée sur ma manière d'envisager les croyances surnaturelles. Je vous prie d'éclaircir cela par la comparaison directe de l'édition de New-York avec celle de Londres. Il importerait que ce renseignement me vînt assez tôt pour que j'en pusse faire usage, dans la Préface que j'écrirai, vers la fin d'Août, après avoir achevé mon volume actuel, afin d'y signaler, comme elle le mérite, au mépris du public occidental, cette nouvelle pratique de l'hypocrisie protestante, plus développée en Amérique qu'en Angleterre même, ou du moins plus grossière. Je sais déjà que la traduction américaine séparément accomplie, en 1851, du tome premier de la *Philosophie positive*, sous le titre spécial The Philosophy of Mathematics (New-York, chez Harper frères, éditeurs, 82, Cliff Street), fut dépouillée des deux chapitres philosophiques qui commencent ce volume, par la censure protestante, contre la volonté du traducteur. Celui-ci, M. le professeur Gillespie, que vous pourriez utilement consulter, m'a paru, dans sa visite de l'été dernier, un positiviste complet et sincère, quoique trop timide, qui fut contraint à cette concession pour ne pas perdre sa place dans un établissement d'instruction.

VIII

A M. H. Edger,   à Long-Island (New-York).

Paris, le Jeudi 13 Charlemagne 68 (*).

Mon cher disciple,

Votre lettre du 14 Saint-Paul, que j'ai reçue Vendredi dernier, dissipe les inquiétudes que devait encore laisser la précédente, malgré ma juste confiance dans le retour spontané de votre énergie caractéristique. Je suis touché de l'accueil que vous avez fait à mes cordiales prescriptions, et d'où dépend leur efficacité, qui ne saurait être immédiate, sauf par la sécurité normale qu'elles vous inspirent. Seul vous pouvez adapter à votre âge, à votre genre de vie, et même à votre propre constitution, des conseils physiques dont la formulation n'était, de ma part, destinée qu'à fixer vos idées, en vous réservant la détermination précise de chaque partie du régime, qui doit toujours être fortifiant, pourvu qu'il ne soit jamais excitant. Les détails que vous m'indiquez sur vos études mathématiques vont au delà de mes espérances. Ils me font déjà sentir combien vous êtes prêt à tirer parti du grand volume dont j'achève le second tiers, et qui paraîtra, suivant mon annonce, en Octobre, si l'impression,

(*) Le 26 Juin 1856. (J. L.)

que je compte voir commencer avec Juillet, marche assez bien.

La sollicitude relative à votre fils est grave et naturelle ; mais le mal me semble réparable par le spectacle et la réaction de votre existence pleinement normale, bientôt supérieure aux impressions de l'anarchie antérieure. En occupant cet enfant avec vous, et lui faisant soigneusement suivre les principaux exercices esthétiques, poésie, musique et dessin, avant qu'il entreprenne les études théoriques, il faut toujours éviter la rigueur. Toute sa rectification dépend du cœur : il doit arriver à la vénération par la tendresse et la bonté, qu'il importe de cultiver en lui par tous les moyens opportuns, de manière à préparer la conception de l'Humanité d'après le sentiment correspondant.

Je dois entièrement approuver votre plan pour l'agrandissement graduel de votre existence industrielle, sous la cordiale assistance de M. Metcalf, sans craindre que cela vous détourne de la mission apostolique à laquelle vous voulez dignement consacrer votre principale activité. Quelle que soit leur profession, les positivistes s'y doivent spécialement distinguer, afin de mieux recommander leur foi générale. Votre village excentrique peut à la fois devenir le foyer d'une industrie importante, et le centre d'une vaste propagande, si votre exemple et vos succès attirent les enthousiastes désappointés, mais restés purs et confiants.

En vous mettant en contact avec M. Fisher, j'étais persuadé que cette liaison réussirait des deux côtés. Ses lettres s'accordent avec les vôtres pour constater la réalisation de cette double espérance. J'attache, comme vous, beaucoup de prix aux contacts mutuels et directs de mes vrais disciples, qui doivent ainsi développer le zèle et la confiance dont l'insuffisance ralentit notre avénement. C'est pourquoi je me félicite de l'envoi que vous a fait M. de Constant et du projet de correspondance que cela vous suggère ; voici son adresse : *à M. le baron W. de Constant-Rebecque, capitaine de frégate en retraite, à La Haye (Hollande)*. Il sait parfaitement l'anglais, et peut-être vous répondra-t-il ainsi ; dans tous les cas, vous pouvez vous dispenser d'employer pour lui le français, quoique son opuscule prouve qu'il le parle et l'écrit bien.

Pour l'ensemble de votre conduite, tant privée que publique, je n'ai qu'à confirmer votre noble résolution d'y tout rapporter à l'Humanité, source continue, non seulement de la vraie dignité, mais aussi du bonheur réel, et même de la véritable santé corporelle comme cérébrale. Mieux vous servirez le Grand-Être, plus vous surmonterez les impulsions vicieuses qui troubleraient ce service. Afin de récompenser les efforts déjà faits et provoquer leur digne continuation, je dois vous informer que, dans mon Testament, je vous ai désigné comme l'un des trois membres que j'ai jusqu'ici choisis parmi les sept qui composent le contingent britannique du *Comité Positif* que je projetai dès 1842, pour assister le Grand-Prêtre de l'Humanité dans la direction générale de la transition occidentale. Vos deux confrères sont M. Fisher, et M. Richard Congreve (ancien membre de l'université d'Oxford), auxquels j'ai maintenant déclaré cette détermination.

Mon *Appel aux conservateurs* a spécialement institué l'attitude spéciale des positivistes actuels, uniquement voués à la réorganisation spirituelle, jusqu'à ce que les

gouvernements, surtout en France, transmettent dignement le pouvoir à nos hommes d'État, seuls reconnus
aptes à surmonter le communisme, quand il sera suffisamment développé. Jusque-là, nous devons, non seulement éviter l'agitation politique, mais en détourner tout
le monde autant que possible, et toujours tendre à consolider systématiquement l'autorité, dans quelques mains
qu'elle réside, parce que les vues d'avenir ne seront jamais
goûtées de ceux qui n'ont pas de sécurité sur le présent.
Entre les gouvernés et les gouvernants, notre attitude
d'organes de l'avenir déduit du passé doit toujours cor-
respondre au vers que j'ai récemment construit pour la
caractériser :

Conciliant en fait, inflexible en principe.

Nous venons ouvertement régler la vie humaine, tant
privée que publique, au nom de l'Humanité, d'après ces
deux faits généraux, que la situation fait de plus en plus
ressortir : d'une part, le besoin de la régler ; d'une autre
part, l'impuissance de toutes les doctrines actuellement
usitées à cet égard. L'aptitude de la nôtre est pleinement
démontrée en principe, pour quiconque veut et peut la
juger en elle-même. C'est à nous qu'il appartient, par
l'excellence de notre conduite, publique et privée, de la
constater en fait auprès des spectateurs empiriques, mais
impartiaux, de manière à lui procurer bientôt un irrésis-
tible ascendant, dans un milieu que l'anarchie empêche
de réagir contre des convictions profondes et complètes,
sans que leurs organes soient encore nombreux, pourvu
qu'ils deviennent assez dévoués. Il faut remplacer le fanatisme, relatif à des opinions indiscutables, et désormais

éteint chez les métaphysiciens comme parmi les théologistes, par l'enthousiasme qu'inspirent des principes dé-
montrables. Tel est le symptôme habituel qui doit nous
assurer, aux yeux de tous, la présidence de l'avenir, dans
une situation où le positivisme peut seul inspirer un
dévouement actif et continu.

C'est afin de donner une direction précise à notre intervention sociale que j'ai récemment invité vos deux
confrères britanniques à prendre la digne initiative d'une
libre et pacifique restitution de Gibraltar à l'Espagne, en
faisant cesser une injurieuse anomalie, non moins
vicieuse, depuis un siècle et demi, que l'usurpation de
Calais pendant deux siècles, que personne n'oserait aujourd'hui justifier. Il faut introduire les grands principes
par des applications fort simples, en morale comme en
logique, et vous sentez la portée de celle-ci, malgré l'exiguïté du cas. Nous devons surtout devenir les directeurs
de l'opinion occidentale, et la récente terminaison de l'épi-
sode militaire résulté de l'incident russe doit spécialement
disposer à resserrer les nœuds de l'occidentalité, dont il
faut dignement préparer la reconstruction spirituelle, en
comptant sur des sympathies que repousse l'examen des
questions intérieures. Une telle initiative doit être britannique, afin de mieux manifester la nature pacifique d'une
rectification pour laquelle mes disciples anglais doivent
directement provoquer le sentiment et la raison de leurs
concitoyens, surtout prolétaires, suivant le mode qu'ils
jugeront le plus opportun. Si le positivisme obtenait cette
première victoire pratique, il lui serait bientôt facile de
l'étendre aux cas analogues, plus importants et plus difficiles, surtout en faisant spécialement appel au public germanique contre l'oppression autrichienne de l'Italie, d'où

l'on peut aujourd'hui craindre de nouveaux orages occidentaux.

Tout à vous.

AUGUSTE COMTE.

(10, rue Monsieur-le-Prince.)

P.-S. — Je vous remercie, ainsi que M. Metcalf, de l'heureuse rectification sur les deux préfaces, qui me délivre d'une obligation fâcheuse, dont une fausse information avait d'abord semblé me charger, quoique le délit me parût, comme à vous, invraisemblable.

D'après la judicieuse direction de vos études historiques je compte sur leur rapide et radicale efficacité.

IX

A. M. H. Edger,   à Modern Times (Long-Island).

Paris, le Jeudi 17 Frédéric 68 (*).

Mon cher disciple,

Je m'empresse de répondre à votre excellente lettre du
21 Descartes, que j'ai seulement reçue hier. Il me tardait,
depuis deux semaines, d'avoir cette occasion de vous
témoigner directement ma profonde satisfaction de votre
nouvel opuscule (1), envers lequel vous pouvez indirecte-
ment connaître déjà mon opinion arrêtée, parce que je
l'ai spécialement formulée dans ma dernière réponse
mensuelle à M. Fisher. Ce second essai très supérieur au
premier, qui pourtant avait dignement obtenu mon estime,
confirme l'ensemble de mes espérances, intellectuelles et
morales, sur votre éminente aptitude à l'apostolat le plus
noble et le plus efficace. Rien d'aussi profond et d'aussi
décisif n'a jusqu'ici paru sur le positivisme. Ma prochaine
circulaire fera dignement ressortir une telle publication
comme constituant, avec les *Réflexions* de M. de Constant
et l'opuscule historique de M. Congreve, un précieux
caractère de la présente année envers tous les vrais positivistes.

*) Le 20 Novembre 1856. J. L.)
(1) *The Positivist Calendar, with a brief exposition of religious positivism* by
Henry Edger, Modern Times, 68-1856. (J. L.)

La seule recommandation qu'une lecture attentive et réitérée de cet important écrit m'ait finalement conduit à vous indiquer, consiste dans l'abus de la qualification de *catholique* appliquée à la nouvelle Église. Quoique nulle doctrine ne puisse rivaliser avec la nôtre pour l'universalité, nous devons laisser aux termes usités leur signification vulgaire, sans remonter à l'acception étymologique. Au lieu de conciliation, l'habitude que je vous engage à rectifier ne pourrait réellement produire qu'une fâcheuse confusion. Nous pourrions intellectuellement nous qualifier de *relativistes* et socialement d'*universalistes*, puisque ce sont là les deux attributs prépondérants de notre foi. Mais nous devons toujours nous borner au titre de *positivistes*, dans lequel nous finirons par forcer le public occidental à condenser tous les caractères de notre religion.

Vos intéressantes indications sur l'ascendant que vous commencez à prendre autour de vous m'ont plus charmé que surpris. J'avais dès longtemps prévu que la plénitude et la persistance de vos convictions finiraient par obtenir un tel empire dans un milieu sans consistance d'après la fluctuation et la division qui le distinguent. En prenant, l'an dernier, leur digne défense, au début de votre opuscule initial, vous avez spontanément suscité leur confiance et leur respect. L'opuscule actuel doit considérablement améliorer et développer cette influence normale. Il faut désormais attacher beaucoup de prix, pour l'ensemble de votre mission, à votre résidence actuelle, qui, dans quelques années, peut réellement devenir un village positiviste. C'est pourquoi je suis spécialement charmé d'apprendre l'heureuse amélioration que vous venez d'apporter à votre habitation, de manière à mieux lier en vous la vie privée et la vie publique, tout en exerçant

envers votre compagne et vos enfants la juste sollicitude
que vous leur devez. Au milieu des embarras propres à
votre situation, vous serez le premier positiviste dont le
zèle ait normalement réalisé les conditions religieuses du
domicile.

En développant ces espérances locales autant que le
comportent votre âge personnel et l'instabilité sociale du
monde américain, je crois que vous pourrez aspirer, dans
un avenir de quinze ou vingt ans, à convertir le village
positiviste en centre spirituel d'une île positiviste, qui
bientôt formerait un *état* distinct au sein de la fédération.
Long-Island, quoique officiellement joint à l'État de New-
York, est géographiquement plus connexe à celui de
Connecticut, et présente tous les caractères définitifs d'un
État séparé, plus étendu que celui de Rhode-Island, et rapidement susceptible d'être plus peuplé. Dans une situation aussi mobile, une impulsion, à la fois industrielle et
sociale, peut y porter, en peu de temps, une nombreuse
population de travailleurs et d'enthousiastes, plus que
suffisante pour remplir les conditions légales qu'on demande aux nouveaux *États*.

Une disposition, aussi remarquable intellectuellement
que moralement, envers la situation exceptionnelle des
riches aux États-Unis constitue l'un des principaux caractères de votre second opuscule. On peut ainsi sentir
l'affinité spéciale que le positivisme doit bientôt offrir à
la classe frappée d'un tel ostracisme par l'envie démocra-
tique sous la direction des métaphysiciens et des légistes.
De puissants capitalistes peuvent dès lors se trouver spontanément poussés à former, dans votre île, quelques grands
établissements agricoles, qui suffiraient pour amener une
prochaine réalisation de la perspective ci-dessus indiquée.

Long-Island pourrait ainsi devenir la tête sociale de l'Amérique du Nord, à laquelle elle servirait d'intermédiaire religieux envers le centre occidental, conformément à sa position géographique.

Depuis le 22 Septembre, je suis personnellement quitte de mon nouveau volume, le plus long que j'ai jamais écrit. Mais, quoique commencée avec Juillet, son impression a tellement traîné qu'il n'a pu paraître au temps indiqué dans ma dernière circulaire. Enfin, il a paru Lundi 17 Novembre, et peut-être l'aurez-vous au moment où vous lirez cette lettre. Il constitue le tome premier de ma *Synthèse subjective*, sous le titre spécial de *Système de Logique positive*, ou *Traité de Philosophie mathématique*. Vous y trouverez, dès l'introduction, la pleine solution de la difficulté théorique à laquelle est consacrée la fin de votre lettre. Je suis ainsi dispensé de toute explication immédiate sur un embarras qui sera bientôt dissipé spontanément. Néanmoins, je dois à cet égard, vous témoigner combien je suis touché de la sage et respectueuse réserve que vous avez constamment développée envers une telle perplexité, de manière à manifester combien vous remplissez les conditions morales du vrai progrès intellectuel.

Cette prochaine lecture me dispense aussi de vous adresser autre chose que de justes félicitations quant aux dispositions dignement conciliantes que vous avez spontanément adoptées à l'égard des théologistes sincères, et surtout des véritables catholiques. Ma préface a finalement promulgué le vers systématique récemment construit dans la cérémonie du dernier mariage positiviste (le 6 Mars) pour caractériser l'attitude générale du positivisme pendant tout le cours de la transition organique :

Conciliant en fait, inflexible en principe.

Suivant cette disposition, que je ne devais développer qu'après avoir entièrement institué la religion universelle, je vous invite à diminuer les difficultés que vous éprouvez depuis un an à trouver une marraine à votre intéressante Sophie-Clotilde. Faute d'une positiviste, ne craignez pas de choisir une catholique, ou même une protestante, pourvu qu'elle soit sincèrement attachée à l'enfant, et qu'elle accepte d'ailleurs la suprématie de la foi finale sur les fois locales et provisoires en consentant à la cérémonie pour laquelle je vous envoyai, l'an dernier, une délégation spéciale. J'ai moi-même été récemment forcé de donner ici le même conseil pour un prochain cas de présentation, vu le très petit nombre des dames vraiment positivistes que nous avons jusqu'à présent, et dont nous devons rapprocher les âmes bien organisées quoique spéculativement arriérées, en faisant dignement prévaloir le mérite moral sur les conditions intellectuelles.

Par une telle conduite vous devez bientôt obtenir de grands succès, chez les deux sexes, dans un milieu qui dispose à mieux sentir combien la révolution occidentale a surtout besoin d'une solution religieuse. La situation américaine peut facilement dissiper les illusions qui prolongent la confiance empirique des socialistes européens envers les remèdes essentiellement politiques. Débarrassés de royauté, d'armée, et du clergé légal, vos *Yankees*, et surtout leurs spectateurs venus d'Europe, doivent aisément comprendre que la religion peut seule réaliser les aspirations sociales qu'ils sentent aussi vivement que les Européens et que ceux-ci veulent satisfaire par de vains remaniements politiques. Outre son action spéciale et directe sur les patriciens et les prolétaires, le positivisme doit bientôt atteindre, aux États-

Unis, la partie la plus respectable et la plus consistante de la population, celle qui conserve les traditions des républicains de Cromwell, premiers colons de vos états septentrionaux. Ces nobles cultivateurs, manufacturiers, et commerçants, qui sont jusqu'ici restés habituellement silencieux, sauf dans la lutte d'indépendance, faute de pouvoir suivre les aspirations sociales ainsi transmises, sortiront de leur attitude passive, en écartant les lettrés, quand ils auront assez reconnu que le positivisme présente tous les caractères de la solution religieuse qu'ils attendent depuis deux siècles.

N'attachez aucune importance spéciale à l'annonce que vous a récemment donnée M. de Constant à l'égard d'un travail du positiviste de Douai sur l'*Exposition populaire du positivisme*. Le noble hollandais s'est généreusement fait une illusion qui serait bientôt dissipée si ce projet se réalisait jamais. Mon disciple de Douai ne remplit pas les conditions, de cœur et d'esprit, qu'exige une popularisation qui, loin d'émaner d'une lourde préparation de sept ans, devrait normalement résulter de quelques mois de verve, si ce jeune homme en était assez susceptible.

Tout à vous.

Auguste Comte.

10. rue Monsieur-le-Prince.

P.-S. — La lettre de M. Metcalf incluse dans la vôtre fut hier transmise à M. Magnin. Cet éminent prolétaire sera, j'en suis sûr, profondément touché d'une telle initiative, dont je félicite votre noble ami. Mais, en recevant avec joie l'espoir d'avoir bientôt sa visite au centre occidental, j'invite M. Metcalf à bien considérer les embarras que cette course dispendieuse doit naturellement trouver dans la honteuse ignorance des Français, surtout prolétaires, envers toute autre langue que la leur. Tant que M. Metcalf ne pourra point parler français, ses contacts ici seront très gênés, et presque stériles. Je n'aurais pas moi-même la possibilité de causer avec lui.

Tout en approuvant votre projet de traduire spécialement le dernier volume de la *Politique positive*, sous son titre propre de *Tableau synthétique de l'avenir humain*, je dois paternellement vous détourner des opérations typographiques, qui pourraient actuellement aggraver vos embarras matériels, de manière à troubler vos principaux devoirs privés, et même publics.

X

A M. H. Edger,   à Modern Times (Long-Island).

Paris, le Vendredi 9 Homère 69 (*).

Mon cher disciple,

Votre lettre du 10 Moïse, que j'ai reçue mardi, m'a
beaucoup satisfait. Je suis heureux d'y voir que vous
avez déjà traduit le tiers environ du volume final de la
Politique positive. Ce tome décisif, séparément publié
sous son titre propre de *Tableau synthétique de l'avenir
humain*, convient spontanément à la situation améri-
ricaine. Afin d'abréger votre traduction, et d'en diminuer
les frais, vous ferez bien de n'y pas comprendre l'*Ap-
pendice général*, qui n'a finalement d'importance que
comme monument historique, pour caractériser l'homo-
généité de ma carrière totale. Malgré cette simplification,
l'impression de ce volume ne doit jamais être à votre
charge, sous peine de compromettre l'ensemble de votre
situation matérielle. C'est pourquoi je vois avec plaisir
que vous avez sagement écarté tout projet de ce genre.
L'espoir que vous nourrissez de voir bientôt surgir un
digne patron de cette publication me parait, quoique
indéterminé, très conforme aux dispositions américaines.
En répondant, en Décembre dernier, à l'intéressante
lettre annuelle de M. John Wallace (de Philadelphie),

(*) Le 6 Février 1857. J. L.

j'ai trouvé l'occasion de fixer spécialement son attention sur votre récent opuscule, où je l'invite à puiser une sommaire connaissance du positivisme religieux et social. Quoique ce digne frère de mon
éminent disciple posthume n'ait pas encore embrassé
notre foi, ses sympathies me semblent y tendre de plus
en plus, et je regarderai son contact personnel avec
vous comme pouvant devenir important, si l'occasion
convenable s'en offrait. La dédicace de votre précieux
opuscule vous autorise, ce me semble, à faire spécialement hommage d'un exemplaire à M. John Wallace
(284, Spruce Street, Philadelphia), qui, j'espère, accueil-
lera convenablement une telle initiative.

Loin d'être aucunement fatigué des détails que vous
m'envoyez sur l'éducation musicale et poétique de vos
enfants, ils m'ont tous inspiré beaucoup d'intérêt, ainsi
qu'aux membres de la Société Positiviste à qui j'en fis
avant-hier lecture traduite. Il est certainement impossible de mieux saisir et de mieux appliquer la théorie
positiviste sur l'essor esthétique de la seconde enfance.
Je dois même approuver vos tentatives spéciales pour
l'introduction régulière de l'adoration abstraite dans le
culte domestique, et le genre de participation secondaire que vous y réservez aux enfants, sans les fatiguer
par des efforts prématurés.

Ma huitième circulaire, que je vous ai directement
adressée le 23 Moïse, m'a spécialement permis de faire
publiquement apprécier votre opuscule religieux. Elle a
pareillement glorifié le précieux opuscule politique par
lequel M. Congreve a dignement terminé la mémorable
année d'où la postérité datera l'installation sociale du
positivisme pleinement systématisé deux ans avant. Je

présume que vous avez déjà reçu cet écrit (*Gibraltar : or the foreign policy of England*), quoique vous n'ayez pas encore mon nouveau volume, qui pourtant parut à la mi-novembre.

Il faut peu s'étonner, que vous n'ayez pu scrupuleusement réaliser la résolution de chasteté que vous avez sincèrement formée. Mais cette chute involontaire ne doit pas vous décourager envers un perfectionnement qui ne saurait immédiatement devenir vraiment complet. Contentez-vous de tendre constamment vers la limite indiquée, et soyez ainsi convaincu que vous ne tarderez pas à réaliser le progrès effectivement convenable, qui n'est nullement supérieur à vos forces morales.

Tout à vous.

AUGUSTE COMTE.

(10, rue Monsieur-le-Prince.)

XI

A M. H. EDGER,   à Modern Times (Long-Island).

Paris (10, rue Monsieur-le-Prince), le Vendredi 9 Archimède 69 (*).

Mon cher disciple,

Votre excellente lettre du 11 Aristote, que j'ai reçue Mardi 6 Archimède, me paraît, dans son ensemble, indiquer une disposition exceptionnelle au découragement, et même à l'amertume, par suite de désappointements récents. Avant de répondre à vos diverses questions spéciales, je crois donc devoir directement dissiper cette tendance funeste, en expliquant sa source générale. L'accomplissement de ce paternel office peut d'ailleurs développer la réaction cérébrale que me suscite chacun de nos précieux entretiens. J'en ai spécialement besoin pendant la sainte semaine qui me ramène, chaque année, la principale catastrophe de ma vie intime. Une telle douleur est, cette fois, aggravée par la première suspension complète, après onze ans, de la discordance chrétienne entre les dates hebdomadaires et mensuelles. C'est encore au Dimanche des Rameaux que doit après-demain survenir le fatal anniversaire, où commence l'éternité subjective désormais assurée à l'angélique inspiratrice de la religion positive. Mes intimes tableaux de la douloureuse semaine ainsi terminée, quand je les aurai suffi-

Le 3 Avril 1857. J. L.

samment publiés dans la biographie promise pour 1864, seront peut-être destinés à doter nos successeurs d'une commémoration annuelle mieux méritée que celle dont nos prédécesseurs honorèrent la *Passion* chimérique du prétendu fondateur du catholicisme. En osant vous confier ce secret espoir, que je n'ai jamais pu jusqu'ici formuler à personne, je vous donne une confirmation décisive de la pleine harmonie que je sens irrévocablement établie entre nous, d'après votre admirable nature sympathique.

Le positivisme n'exalte que les instincts altruistes, et comprime tous les penchants égoïstes. Il vient irrésistiblement régler la vie humaine, tant privée que publique, au milieu de l'anarchie universelle. Ses vrais adeptes doivent donc s'attendre au déchaînement des plus violentes animosités chez tous ceux qui, surtout parmi les lettrés et les bourgeois, veulent indéfiniment prolonger l'interrègne spirituel afin de perpétuer l'indiscipline morale. Je sais que, à cet égard, vous avez sagement écarté toute illusion, et noblement résolu de ne jamais accorder aucune attention sérieuse à des attaques aisément prévues. Elles ne vont pas tarder à se dérouler, tant en Amérique qu'en Europe, maintenant que la conspiration du silence se trouve essentiellement surmontée. Nous devons partout attendre les plus ignobles calomnies, sans que leur cours doive jamais troubler l'essor de nos travaux, en laissant à notre vie, privée et publique, le soin de répondre pour nous auprès des âmes vraiment compétentes.

Mais, quoique vous sachiez assez dédaigner nos contemporains, en vivant avec nos descendants et nos ancêtres, vous ne pouvez autant négliger les déceptions résultées de l'insuffisance ordinaire de vos propres frères actuels.

Je ne parle pas de faux positivistes, très nombreux aux États-Unis comme en Angleterre, qui rejettent ma *Politique* en admettant ma *Philosophie* : ceux-là doivent bientôt devenir nos principaux ennemis, comme je l'ai depuis longtemps annoncé. Les seuls désappointements, vraiment amers, proviennent des positivistes complets, c'est-à-dire religieux, dont l'*esprit* ne repousse aucun de nos dogmes ni même de nos pratiques ou de nos règles, quoique leur *cœur* n'ait pas régénéré leurs *habitudes*. Quelques pénibles froissements que cette insuffisance doive vous susciter, il faut pourtant s'expliquer, sans l'imputer aux imperfections individuelles, une incohérence propre à la génération où le positivisme surgit. Elle a spécialement pesé sur moi par suite des habitudes négatives spontanément inhérentes au centre initiateur, où le dix-huitième siècle fit tristement prévaloir sa fatale tendance à la sécheresse morale en exaltant l'essor mental. Une *émancipation* absolue qui ne convenait qu'aux âmes capables de concourir à l'avénement de la synthèse universelle, fut indistinctement étendue à tous les occidentaux, surtout en France, de manière à dissoudre toute culture affective. C'est dans un tel milieu que le positivisme dut pourtant surgir, en sorte que ses adeptes ont ordinairement émané jusqu'ici, d'une masse indisciplinable où résidera le principal obstacle à son ascendant initial.

Si vous avez justement noté la précieuse exception que vous offre le noble Lonchampt, il faut compléter cette observation en remarquant que cet incomparable disciple passa directement du catholicisme au positivisme sans aucune station dans le scepticisme. Malgré l'excellence de sa nature, plusieurs de ses vrais confrères m'auraient peut-être satisfait autant, s'ils eussent été, comme lui, préservés de la fatalité qui fait aujourd'hui passer les jeunes penseurs français, par plusieurs années d'indiscipline totale, d'où résulte ensuite la discordance ordinaire entre leur cœur et leur esprit, malgré les convictions les plus complètes et les plus stables. Vous trouverez moins d'obstacle à cet égard chez les positivistes directement émanés du protestantisme, qui, sans être aussi disciplinant que le catholicisme, maintient quelques habitudes de vraie culture morale.

Une telle explication me conduit à commencer mes réponses spéciales, en vous félicitant des heureux contacts que vous savez maintenant instituer avec les catholiques américains, d'où peuvent bientôt provenir de précieux prosélytes. Pendant que ce digne effort s'ébauchait dans un désert transatlantique, une équivalente tentative s'accomplissait, au chef-lieu du catholicisme, envers les meilleurs débris de l'ancien sacerdoce. L'éminent révolutionnaire français, dont j'ai récemment signalé la merveilleuse conversion, M. Alfred Sabatier, noble ami de M. Lonchampt, par lequel il fut d'abord initié, vient de s'aboucher, en mon nom, à Rome, avec le Général des Jésuites pour commencer la grande ligue religieuse à laquelle le positivisme peut seul présider, de manière à sauver l'Occident de l'immense désordre dont il est maintenant menacé. Dans une admirable lettre officielle, que je saurai finalement publier, mon digne ambassadeur a directement caractérisé notre religion comme plaçant « la dignité dans la soumission, le bonheur dans l'obéissance et la liberté dans le dévouement. » Vous apprendrez avec joie que ce précieux disciple élabore, à l'usage du public italien, une judicieuse exposition sommaire du positivisme, qui nous dédommagera du prétentieux opuscule de Douai, dont vous devez maintenant regarder l'auteur comme irrévocablement avorté, par cet excès de présomption et défaut de tendresse qui, combinés, m'ont déjà frustré de tant d'espérances.

Dans une récente lettre, M. Congreve s'est spécialement félicité de l'ouverture de ses relations directes avec vous, qui doivent de plus en plus offrir à tous deux d'importantes satisfactions, de cœur comme d'esprit. Il a noblement accepté la grande proposition que je lui fis, l'an dernier, pour composer un volume décisif sur l'histoire positiviste de la vraie révolution anglaise, afin d'établir la connexité sociologique entre les deux explosions républicaines que personnifient Cromwell et Danton. Accompli dans trois ou quatre ans, avec la perfection que promettent ses deux admirables opuscules historique et politique, ce travail doit irrévocablement lier les deux prolétariats dont l'union importe le plus à la solution occidentale. Mais ce résultat sera spécialement consolidé par la précieuse élaboration que vous allez exécuter sur le socialisme positif, et d'après l'urgente exposition projetée par votre digne ami M. John Metcalf, qui, comme prolétaire, est seul apte à réveiller directement le prolétariat britannique, dont l'apparente torpeur ne tient qu'à sa juste défiance des lettrés quelconques, combinée avec son secret instinct de la présidence parisienne, envers la régénération universelle.

Je suis autant disposé que vous à pousser M. Congreve vers la destination sacerdotale, surtout depuis que je le sais heureusement pourvu d'une digne compagne. Ma dernière réponse l'invite à dépasser le simple apostolat, dont il a déjà pris une digne possession, parce qu'il m'a directement témoigné l'espoir spontané de refaire son éducation théorique à l'aide de mon récent volume. Puisque vous avez convenablement apprécié ce nouveau pas du positivisme, je crois aussi devoir vous exhorter à mettre en pleine valeur votre éminente nature synthétique et sympathique en osant enfin entreprendre votre initiation encyclopédique d'après la base mathématique, autant que le permet votre situation matérielle, moins favorable que celle de M. Congreve. Le sacerdoce positif ne doit jamais se conférer avant l'âge de quarante-deux ans, surtout en vue de la maturité sociale dont aucune valeur personnelle ne peut assez dispenser. D'ici là, vous pourriez encore remplir les seules conditions théoriques qui vous séparent d'une carrière pleinement conforme à votre constitution cérébrale. Sans que vous me l'annonciez, je compte que votre judicieuse étude du nouveau volume aura bientôt produit la réaction indiquée dans ma dernière circulaire, en vous affranchissant autant du prestige scientifique que vous l'êtes déjà du joug théologique et métaphysique. Une application finale et prépondérante de la loi des trois états à la religion, conduit à dominer son préambule scientifique comme chacun des deux autres, en les utilisant tous selon leur nature, réelle, générale, ou constructive, et surmontant leurs vices respectifs, d'inutilité, d'abstraction, et d'irréalité.

Il aurait spontanément suffi de comparer les âges de vos deux principaux enfants pour n'être aucunement troublé de la difficulté de Lélia, relativement au culte intime, qui doit être le résultat général de la seconde enfance, à peine commencée dans ce cas. La diversité des sexes concourt avec celle des âges à l'explication de la supériorité d'Henry, parce que ce culte exige l'essor de la contemplation abstraite, moins facile et plus tardive à la femme que la contemplation concrète, directement liée au sentiment. Je dois, en général, vous recommander, à cet égard, de respecter la spontanéité de chaque enfant, seule garantie solide de la pleine efficacité morale des adorations personnelles. Une heureuse occasion va naturellement surgir pour Lélia du voyage que vous m'annoncez de votre digne épouse, dont je serais honoré de recevoir la visite, qui me permettrait de lui témoigner de vive voix combien je vous apprécie. Pendant cette longue et douloureuse absence de sa mère, votre fille aînée doit éprouver des émotions qui la pousseront à l'institution spontanée du culte intime envers le meilleur type normal.

Quant à votre noble appréciation finale du vrai positivisme, elle est directement digne de mon entière approbation. Toute ma mission fut spontanément annoncée dans l'opuscule décisif de 1826, où je vouai ma vie à la fondation du nouveau pouvoir spirituel. C'est là ce qui peut seul condenser et réaliser la doctrine rénovatrice que j'ai pleinement établie. Il faut regarder comme une pure chimère l'espoir de rallier et régler les hommes d'après une foi, quelque complète et démontrable qu'elle soit, qui n'aboutirait pas à l'installation du vrai sacerdoce. Une telle conclusion est seule capable de bien distinguer désormais les dignes positivistes ; même quand les faux admettraient tous nos dogmes, leur action sociale serait essentiellement vaine sans la subordination au pontife universel, unique source du faisceau régénérateur. Vous devez seulement reconnaître que, hors de son sein, le positivisme doit bientôt trouver un précieux appui dans les sympathies que son aptitude organique va naturellement inspirer aux divers gouvernements occidentaux, à mesure que la situation développera l'anarchie virtuellement inhérente aux âmes actuelles. Une telle affinité sera d'abord appréciable chez les praticiens retirés; comme me l'a spécialement confirmé la récente visite d'un vieux Capitaine de vaisseau de la Marine royale d'Angleterre, dont la noble humilité devant moi formait un admirable contraste avec l'attitude spontanée de dignité que procure la longue habitude du commandement regulier.

Tout à vous.

AUGUSTE COMTE.

(10, rue Monsieur-le-Prince.)

P.-S. — En adoptant vos judicieuses réflexions sur l'efficacité des traductions anglaises de mes divers livres, je dois cependant encourager votre spéciale traduction de mon *Tableau synthétique de l'avenir humain*. J'approuve votre suppression du chapitre final, comme essentiellement superflu pour le public américain. Ce quatrième volume de ma *Politique* est celui qui convient le mieux à votre présent milieu, comme le troisième à l'Angleterre : mais je vous invite à persister dans votre sage résolution de ne pas le publier à vos frais, et d'attendre, suivant votre comparaison, un second *Lombe*, qui serait, au fond, plus utile que le premier.

XII

A M. H. Edger,   à Modern Times (Long-Island).

Paris (10, *rue Monsieur-le-Prince*), le Jeudi 1er Saint-Paul 69 * .

Mon cher disciple,

La suscription (1) de votre excellente lettre du 11 César arrivée avant-hier, mérite des félicitations spéciales pour la noble manifestation spontanée qui s'y trouve dignement accomplie. C'est le quatrième exemple d'un usage positiviste convenablement introduit, dès la fin de 1855, par M. Fisher dans toutes ses lettres mensuelles, et bientôt reproduit, sous des formes équivalentes, chez deux de nos meilleurs disciples français, l'un théorique, M. Audiffrent, jeune médecin à Marseille, l'autre pratique, M. Hadery, propriétaire-cultivateur à cent lieues de Paris. D'après le concours, rapidement croissant, de telles manifestations, dont la pleine spontanéité garantit la parfaite sincérité, le public occidental sera promptement informé, sous l'entremise involontaire des nombreux agents des diverses administrations postales, de l'avénement de l'Église universelle, malgré le silence concerté des journalistes quelconques, chez les divers Occidentaux.

Je suis très satisfait de votre heureuse ébauche heb-

(*) Le 21 Mai 1857. (J. L.).

(1) M. Edger, sur l'enveloppe de sa lettre, joignit au nom du Maître la qualification suivante : *the Sovereign Pontiff of Humanity*. (J. L.)

domadaire du culte domestique. Elle offre une précieuse confirmation spéciale de votre éminente aptitude
sacerdotale, en utilisant autant que possible la liberté
maintenant propre à la situation américaine. Quoique je
n'aie pas encore eu le temps d'examiner votre répartition
sacrée des lectures de l'*Imitation* catholique entre les
différents jours de l'année positiviste, je dois cordialement
féliciter votre digne épouse pour cette excellente inspiration, qui tend à mieux lier les vrais croyants soit entre
eux, soit à leurs meilleurs précurseurs et contemporains.

D'après la conduite, sagement affectueuse, que vous me
décrivez envers votre noble mère, je vois que vous avez
pleinement saisi, de cœur et d'esprit, l'ensemble de la
grande ligue religieuse qui peut le mieux seconder l'installation sociale du positivisme et sa mission organique
contre la coalition spontanée des natures maintenant
indisciplinables. Quoique dans cette sainte alliance, le
catholicisme mérite la principale attention de la présidence positiviste, il n'y faut négliger aucun protestantisme, même le plus voisin de l'état purement révolutionnaire. Pourvu que la hiérarchie mutuelle des
différentes églises quelconques soit toujours respectée,
chacune d'elles comporte des contacts spéciaux avec une
religion qui réalise tous les programmes humains en
écartant leurs divergences. Envers les dissidents britanniques, tant américains qu'anglais, la croyance des *mil-
lénaires*, si développée chez les républicains de Cromwell
et Milton, me semble, comme à vous, remplir les conditions naturelles d'une telle affinité. La durée ainsi mar-
quée au règne personnel du divin inaugurateur de l'âge
des *saints* coïncidant avec celle de notre transition organique, on peut utilement exploiter ce vague aperçu

comme un confus pressentiment de la régénération occidentale.

Il faut déjà regarder la digne institution de la sainte
ligue du dix-neuvième siècle comme la principale affaire
spécialement commune à tous les vrais positivistes, tant
pratiques que théoriques. Car, le positivisme ne pouvant
aujourd'hui prévaloir que chez une minorité d'élite, son
efficacité sociale deviendrait bientôt insuffisante sans
l'assistance indirecte des diverses croyances caduques,
dont la vulgarité peut seule nous permettre de prévenir
ou surmonter, chez les différentes masses occidentales,
l'ensemble des impulsions anarchiques. Le catholicisme,
trop aveuglé par la protection officielle, ne pourra, je le
crains, assez apprécier une telle ligue que sous la dure
pression des prochains événements ; tandis que le protestantisme dépourvu d'autorité légale est mieux susceptible de devancer cette pénible nécessité.

Mon digne représentant à Rome ne peut convenablement écrire qu'en français le précieux opuscule qu'il y
prépare. Néanmoins, cela suffira pour atteindre la destination italienne de cet écrit, que peuvent ainsi lire tous
les italiens dont la conversion est maintenant possible.
Toutefois, je sens autant que vous de quel prix serait
une sommaire exposition du positivisme dans la langue
à laquelle notre religion promet l'universalité. Cette
publication finale sera certainement hâtée par celle de
M. Sabatier, qu'il doit d'ailleurs dédier au seul positiviste avoué que je connaisse en Italie, M. Benedetto Pro-
fumo de Gênes. Peut-être celui-ci traduira-t-il le prochain
opuscule, si le succès en est suffisant ; quoique je présume que la principale efficacité de cet écrit doit immédiatement s'exercer sur les meilleurs révolutionnaires

français, tous déjà disposés à respecter l'auteur, dont l'admirable conversion les frappera profondément.

Vous avez dignement senti l'importance d'une scrupuleuse pratique du calendrier positiviste dans l'exercice habituel du culte domestique. Le culte purement personnel où les intimes souvenirs sont aujourd'hui liés aux dates chrétiennes, doit provisoirement conduire à les y conserver. Mais il en est autrement aussitôt que l'adoration devient vraiment collective, sans même être encore publique : alors notre semaine, qui d'ailleurs a finalement consacré les anciens noms des jours, doit constamment prévaloir. Notre unique concession concerne la vie civile, où, suivant ma coutume conciliante, je combine le vieux jour chrétien avec la nouvelle date mensuelle. Cette duplicité provisoire du Dimanche a d'autant moins d'inconvénients qu'elle indique, pendant la transition, l'institution normale que consacrera le tome troisième de ma *Synthèse subjective*, d'après l'usage spontané du prolétariat occidental, pour les deux jours de repos consécutifs de chaque semaine, universellement voués l'un à la vie publique, l'autre à la vie privée : une loi de Cromwell l'avait déjà tenté.

Puisque quinze mois vous séparent encore de l'accomplissement de la quatorzième année de votre fils aîné, ce temps suffit pour vous préparer à diriger son initiation mathématique. Reprenez, sous l'impulsion de mon récent volume, les études arithmétiques, algébriques, et géométriques, que vous m'avez précédemment annoncées comme achevées, et complétez-les en apprenant la trigonométrie d'après l'un quelconque des traités maintenant usités dans le milieu britannique. Alors vous pourrez pleinement aborder ma *Géométrie analytique*, bientôt suivie de l'algèbre supérieure, que vous pourriez strictement enjamber. Notre *Bibliothèque* indique tous les livres qui vous sont réellement nécessaires pour l'étude du calcul infinitésimal et de la mécanique rationnelle, en écartant même le livre de Poinsot, que vous pouvez essentiellement éviter. Quant à la *Théorie des fonctions* de Lagrange, sa lecture finale vous sera philosophiquement profitable, afin de mieux sentir, dans le cas le plus éminent, l'inanité nécessaire de toute synthèse partielle isolément conçue, quoique cet avortement soit historiquement excusable en un temps où la synthèse universelle était encore impossible.

Ceci me conduit à la principale partie de votre lettre, qui m'a fait simultanément admirer vos touchants scrupules et votre noble obéissance envers la destination pleinement sacerdotale que je me félicite de vous avoir finalement assignée ainsi qu'à l'éminent Congreve. Le concours spontané des fraternelles exhortations du noble Lonchampt avec mes déterminations systématiques devrait ici suffire pour dissiper toute hésitation, si cette réponse pouvait encore vous en laisser. Quoique vous deviez provisoirement conserver, et même développer, votre existence actuelle, où le digne apostolat théorique se combine avec une honorable activité matérielle, ce n'est point à vous, mais à votre précieux ami John Metcalf, qu'il appartient de fournir le meilleur type personnel du prolétaire normal au milieu de l'anarchie occidentale. Votre nature éminemment sacerdotale vous assigne une autre carrière, tandis que l'ensemble de votre éducation bourgeoise vous détourne du pur prolétariat, malgré la simplicité de vos propres goûts. Restez donc travailleur, surtout sous un digne patricien si vous le trouviez, jusqu'à ce que vous deveniez prêtre, ce qui ne peut arriver avant l'accomplissement de votre quarante-deuxième année, la condition d'âge étant celle dont je dois le moins dispenser. Une telle marche sera spontanément conforme au régime normal, où le sacerdoce doit surtout se recruter parmi les prolétaires exceptionnels. Je ne puis, comme pontife, apprécier votre sincère humilité que en y voyant un noble titre de plus à l'éminente carrière dont vous avez dignement senti les difficiles conditions morales.

Un nouveau pas du positivisme mérite de vous être spécialement signalé, d'après l'admirable conversion d'un noble élève de M. Congreve, le jeune Winstanley, qui vient subitement d'hériter de cinq mille livres sterling *de rente* en domaines territoriaux. Il est exprès parti de Londres le 1er César pour me consulter sur sa généreuse résolution de s'ériger en digne chef agricole, d'après une suffisante initiation, d'abord théorique, puis pratique, en écartant paisiblement ses fermiers afin de prendre la direction générale de ses laboureurs. Trois séances, de trois heures le 2 César, de quatre heures le 4, et de cinq heures le 5, m'ont graduellement conduit à résumer ces douze heures d'entretien exceptionnel en le renvoyant à Londres le 6, préoccupé de la terminaison espérée de son double apprentissage·par le sacrement solennel de la *Destination*, que personne ne m'a jusqu'ici demandé, quoiqu'il doive, même de nos jours, acquérir une immense efficacité sociale surtout parmi les chefs pratiques. J'ai donc lieu d'espérer l'avénement décisif d'un véritable type anticipé du patriciat normal. En même temps, je vois ainsi développer la chevalerie de l'Humanité, spontanément ébauchée par le noble Lonchampt, et dont M. de Constant représente l'élément propre aux praticiens retirés, tandis que M. John Metcalf en caractérise l'adjonction prolétaire.

Relativement à M. Hutton, son attitude a dû, comme à moi, vous paraître d'abord équivoque, quoique je sois, autant que vous, enclin à le croire un sincère et zélé positiviste. Son hésitation fut surtout due à ce qu'il a longtemps flotté quant à sa vraie destination, qu'il croyait théorique, suivant une illusion trop fréquente aujourd'hui, mais qu'il a finalement jugée pratique. Il a récemment trouvé son issue naturelle en se plaçant à la tête de l'utile mouvement social qui tend maintenant à doter l'Angleterre des tribunaux de commerce dont le meilleur type est encore en France, malgré ses imperfections : ce qui peut dignement utiliser l'aptitude légiste de mon plus ancien disciple d'Irlande.

Étant spontanément resté plus de deux mois sans aucun contact avec moi, M. Magnin vint hier m'expliquer cette anomalie, d'après ses préoccupations continues sur son nouveau système de drainage, qui paraît enfin devoir heureusement surgir. Il a vraiment reçu la lettre de M. Metcalf dont vous parlez, quoique son état d'absorption l'ait jusqu'ici privé d'y répondre, voulant d'ailleurs donner à sa lettre les développements qu'exigent les renseignements demandés par votre ami. Quoique les positivistes dont je suis immédiatement entouré ne soient pas, en général, les plus zélés, je pense, comme vous, que les savants sont seuls réellement incurables.

Tout à vous.

Auguste Comte.

LETTRES D'AUGUSTE COMTE

A

M. JOHN METCALF

I

A M. John Metcalf,   à New-York.

Paris, le Jeudi 3 Aristote 68 (*).

Mon cher disciple,

Votre lettre du 5 Homère, que j'ai reçue Lundi, m'a profondément satisfait en confirmant les espérances que m'inspiraient les informations de votre éminent ami M. Edger. Je suis spécialement touché de vos dignes hommages envers l'angélique patronne à laquelle je dois une régénération morale qui m'a seule permis de transformer la philosophie positive en religion de l'Humanité. La sincère appréciation de cette sainte influence me fournit le meilleur signe de la plénitude des conversions positivistes.

Je dois beaucoup approuver vos rapports naissants avec les catholiques de New-York, et les efforts que vous faites pour les amener à la vraie foi. Mon récent

---

(*) Le 28 février 1856. J. I.

3

Appel aux conservateurs, que vous avez déjà lu probablement, spécifie l'affinité spontanée entre le catholicisme et le positivisme, en caractérisant leur alliance
religieuse pour réorganiser l'Occident. La continuité que
nous systématisons nous oblige à mériter d'être librement reconnus, par nos prédécesseurs, comme les vrais
héritiers des catholiques du moyen âge, dont nous
venons réaliser le programme, en réglant comme eux,
la vie humaine d'après le sentiment, mais avec une
meilleure doctrine et dans une situation plus favorable.
Si, même ici, malgré toutes les altérations que leur suscite une vaine existence officielle, les catholiques me
semblent mieux préparés au positivisme que tous les
autres contemporains, je dois davantage espérer de ceux
de votre cité, qui, placés au milieu d'une population
hostile, ne peuvent aspirer à dominer, et sont ainsi disposés à développer directement l'efficacité morale de
leur religion. Quoique, par cela même, leur conversion
ne puisse comporter l'importance qu'offrira celle des
masses catholiques de l'Europe méridionale, elle offre
plus de facilité, et permet un début plus prompt de la
sainte ligue qui doit rallier les catholiques aux positivistes contre les protestants.

Dans les instructions que vous désirez à cet égard, je
vous recommande un contact spécial avec les jésuites,
qui sont, à tous égards, les meilleurs organes et défen-
seurs du catholicisme. Ils doivent être, à New-York,
spontanément purgés des vices que l'espoir de dominer
leur inspire à Paris. Ce sont, parmi les catholiques,
ceux qui peuvent le mieux apprécier l'aptitude du positivisme à la reconstruction du pouvoir spirituel, vaine-
ment tentée par les fondateurs du jésuitisme. En les

qualifiant d'Ignaciens, je rappelle que notre calendrier
a dignement glorifié leur chef, et je les délivre d'un nom
aussi vicieux en lui-même que généralement discrédité.
Mais vos efforts auprès d'eux, comme envers les catholiques quelconques, doivent toujours rester purs de con-
cessions capables de soutenir ou de ranimer leurs dispositions habituelles à la domination. Ils ne peuvent nous
servir que comme auxiliaires, tout en acceptant notre
présidence, après avoir librement reconnu notre supériorité, surtout morale, suivant la proclamation décisive qui commence la préface du *Catéchisme positiviste*,
et que j'ai spécialement rappelée dans ma septième Circulaire, que je vous ai envoyée le 1er Homère. Toute
autre attitude envers eux n'aboutirait qu'à des contacts
stériles, qui, consumant votre temps et vos forces, pourraient diminuer votre zèle par des désappointements
faciles à prévoir déjà.

Pour que votre conduite soit mieux saisie, je puis
l'assimiler à celle que suit, envers le camp opposé, votre
éminent ami, dans l'excellent opuscule que j'ai reçu
le 28 Moïse, et pour lequel je vous prie de féliciter, en
mon nom, ce noble disciple, qui m'a par là confirmé les
hautes espérances résultées de l'ensemble de ses lettres
et de sa conduite depuis que je le connais. Tout en
proclamant avec énergie ses justes répugnances envers
les dogmes propres aux anarchistes qui l'entourent, il a
dignement défendu ces âmes égarées contre les calomnies intéressées de leurs adversaires officiels. Vous
devez rendre à vos catholiques un service équivalent
contre les hostilités protestantes. De cette manière, mes
deux éminents disciples américains auront déjà réalisé
le plan de conduite indiqué dans mon *Appel aux conser-*

vateurs, où les positivistes s'allient partiellement, d'une part aux rétrogrades, d'une autre part aux révolutionnaires, en dominant également les deux camps. Il faut, en faisant partout ressortir combien nous différons des catholiques, que vous sachiez toujours les représenter comme plus recommandables que les protestants.

La théorie subjective de Dieu nous permet de tout concilier sans concession, en montrant que les croyances théologiques furent des institutions spontanées de l'Humanité, pour se créer, dans son enfance, des guides imaginaires, que l'espèce prépondérante ne pouvait trouver dans l'ordre réel. Nos précurseurs immédiats, les encyclopédistes du dernier siècle, retenus, par la métaphysique, au point de vue purement individuel, et dès lors incapables de sentiments historiques, avaient vicieusement attribué ces croyances à des législateurs incrédules, qui les auraient forgées pour dominer. On peut cependant passer de ce faux système à l'appréciation normale en substituant l'espèce à l'individu, de manière à représenter le prétendu Créateur comme une vraie créature, non de l'homme, mais de l'Humanité, dont les institutions ont la puissance de soumettre la raison personnelle avec autant d'empire que les lois extérieures de la Destinée universelle. Ainsi, les positivistes honorent, suivant les temps et les lieux, d'abord les dieux, puis leur unique héritier, à titre de créations provisoires du Grand-Être. Envers le dernier état du catholicisme, ils doivent spécialement glorifier la Vierge comme le précurseur mystique de l'Humanité. Son culte sera facilement transformé de manière à amener les âmes catholiques, surtout féminines, à l'adoration positiviste. C'est surtout en dirigeant cette transition

que les jésuites, régénérés en Ignaciens, pourront nous
aider à réorganiser l'Occident, pourvu qu'ils reconnaissent la supériorité normale de la Religion fondée sur
l'existence naturelle des penchants bienveillants, que le
catholicisme fut forcé de nier pour faire pleinement
prévaloir l'Égoïsme divin.

Tout à vous.

Auguste Comte.

10, rue Monsieur-le-Prince.

II

A M. John Metcalf,   à New-York.

Paris, le Lundi 7 Guttemberg 68 (*).

Mon cher disciple,

Je profite d'un jour exceptionnel de loisir pour faire
une prompte réponse à votre excellente lettre du
20 Dante, que j'ai reçue hier. Votre noble confiance me
touche extrêmement, et me prouve combien vous sentez
les conditions de la vraie subordination spirituelle. Les
mauvaises habitudes dont vous vous accusez ne m'inspirent aucune inquiétude, et je ne doute pas qu'elles ne
soient bientôt, non seulement surmontées, mais pleinement réparées, d'après votre sage régime de cœur,
d'esprit et de corps. Moi-même je fus longtemps troublé,
pendant ma jeunesse, par de semblables pratiques, que je
parvins pourtant à surmonter spontanément. Elles doivent plus facilement se dissiper chez vous, puisque vous
êtes heureusement guidé par la religion universelle, à
laquelle je ne fesais alors qu'aspirer sans l'avoir encore
fondée. Son influence dissipera des dispositions qui
tendraient à diminuer votre aptitude au service de l'Humanité, dont la préoccupation permanente constitue le
meilleur préservatif ou correctif de telles déviations. Il

(*) Le 18 août 1856. (J. L.)

vous suffira d'y joindre l'essor spécial d'une affection pure et profonde pour achever de vous garantir contre cette altération de votre éminente nature publique et privée.

Quoique, d'après votre description de votre genre de vie actuel, vous ne soyez pas dépourvu de relations affectives habituelles, je regarde un digne mariage comme le meilleur moyen de consolider et développer votre existence morale. Il vous dédommagera des injustes désappointements que votre cœur éprouve de la part de votre frère et de vos sœurs, que vous avez sagement traités. Mais, en vous recommandant une condition de bonheur et de perfectionnement à laquelle vous me paraissez spontanément disposé, je ne saurais trop vous inviter à procéder avec une grande circonspection dans le principal événement de la vie privée ; quelque triste et pénible que soit le célibat, un mauvais mariage est bien pire.

Je suis très satisfait d'apprendre que vous avez déjà réalisé l'institution personnelle du culte intime, en le rapportant au type maternel, qui doit ordinairement prévaloir. C'est le signe le plus décisif d'une pleine et solide conversion au positivisme que d'avoir ainsi réorganisé la vie morale, déplorablement négligée depuis le moyen âge, surtout chez les populations protestantes. Il ne faut jamais compter entièrement sur les positivistes qui n'ont pas rempli cette condition, même quand ils ne la dédaignent pas.

Le digne complément que vous avez introduit à l'heureuse coutume instituée par M. Edger me paraît un résultat naturel du culte intime, d'où vous est sans doute venue une telle inspiration. Cela me prouve à la fois la profondeur de votre conversion personnelle, et l'aptitude générale du positivisme à recevoir spontanément des perfectionnements secondaires chez ses vrais adeptes. Une telle réaction n'appartient qu'à la religion dont les bases sont réelles et la foi démontrable; de manière à permettre au digne croyant des inspirations directes, où le sacerdoce n'intervient que pour sanctionner.

Je suis très touché de la célébration personnelle que vous avez secrètement accordée à la fête annuelle de mon angélique patronne et collègue éternelle. A cette occasion, je dois vous féliciter d'avoir adopté l'usage du ruban vert pour les manifestations religieuses auxquelles le pays où vous vivez permet une libre publicité chez les âmes dignement convaincues. Quoique j'aie jusqu'ici seul porté ce signe dans nos cérémonies, j'ai toujours déclaré qu'il n'est pas uniquement sacerdotal : tous les vrais positivistes peuvent personnellement l'employer, pourvu qu'ils le portent au bras gauche, en réservant le bras droit au sacerdoce, afin d'éviter la confusion.

Vos indications sur le genre précis de vos travaux professionnels me semblent indiquer que vous avez dignement apprécié leur importance. Néanmoins, je crois ici devoir vous rappeler les préceptes généraux du positivisme sur le devoir de chacun de bien remplir ses fonctions spéciales, quelle que soit leur nature. Il importe même à l'avénement de notre religion que ses adeptes aspirent toujours à se distinguer dans l'accomplissement de leur office quelconque, en ne négligeant jamais les parties pour l'ensemble.

Je dois spécialement approuver, et même encourager, le projet de publication que vous me soumettez, et qui, s'il est bien exécuté, pourra beaucoup seconder notre propagande. Peut-être, au lieu du mot *Anarchy*, vaudrait-il mieux, dans votre triple titre, mettre *Protestantism*, surtout en vue de votre milieu, mais sans altérer l'équivalence radicale des deux termes. Le moment est venu de réaliser le vœu que je formais en 1841, dans une note de ma *Philosophie positive* (tome V, page 327), de concentrer les discussions philosophiques et sociales entre les catholiques et les positivistes, en écartant d'un commun accord, tous les métaphysiciens ou négativistes (protestants, déistes, et sceptiques) comme radicalement incapables de coopérer à la construction qui doit distinguer le dix-neuvième siècle du dix-huitième. Il faut maintenant presser tous ceux qui croient en Dieu de revenir au catholicisme, au nom de la raison et de la morale ; tandis que, au même titre, tous ceux qui n'y croient pas doivent devenir positivistes. Pendant la génération qui doit terminer la révolution occidentale par la réorganisation spirituelle, le mode normal consistant à ce que la masse restât ou redevint catholique, les âmes d'élite arrivant au positivisme conduiraient mieux le mouvement. Quoiqu'on ne puisse pas espérer que cette netteté de situation se réalise dans le milieu britannique ou germanique, nous devons pourtant faire toujours sentir combien le protestantisme, sous tous ses modes, est contraire au siècle de la construction. Si, comme je l'espère, la France se débarrasse du budget ecclésiastique, il sera bientôt facile de combiner les catholiques avec les positivistes contre les négativistes quelconques.

Tout à vous.

AUGUSTE COMTE.

(10, rue Monsieur-le-Prince.)

3*

III

A M. John Metcalf,   à Modern Times (Long-Island).

Paris, le Vendredi 9 Homère 69 (*).

Mon cher disciple,

Votre excellente lettre du 10 Moïse, que j'ai reçue
Mardi, m'a profondément touché par un ton soutenu de
digne confiance et d'abandon spontané. D'après ces
expansions, je vois que la précieuse affection de votre
éminent ami M. Edger et de sa charmante famille ne
peut maintenant suffire aux intimes compensations qui
sont spécialement exigées par l'avortement exceptionnel
de vos liens de parenté. Je crois, comme vous, qu'un
digne mariage vous devient désormais indispensable
pour rendre votre culture morale assez déterminée, et
même donner plus de consistance à votre essor social
tant politique qu'industriel.

Mais le choix d'une vraie compagne demande une
grande circonspection et de longues réflexions. Quoique
je conçoive et j'approuve votre prédilection croissante
pour les femmes catholiques, il ne faudrait pas borner
vos recherches à ce champ trop circonscrit. Votre propre exemple, celui de M. Edger, et beaucoup d'autres,
prouvent que du protestantisme, anglican ou dissident,

*) Le 6 février 1857. (J. L.)

on peut aussi monter au positivisme, en évitant toute station sceptique, ce qui désormais constitue la principale condition. Il ne faut pas croire que cette transformation soit seulement réservée aux hommes. Elle me semble devoir être spécialement convenable aux femmes, spontanément antipathiques à la sécheresse protestante. Dans quelque milieu que votre choix s'accomplisse, vous seul êtes, à cet égard, compétent. Je dois seulement vous inviter à regarder comme une condition *sine quâ non* la participation volontaire de votre épouse au mariage positiviste, après que vous même l'aurez dignement secondée pour le mariage catholique ou protestant.

Quant à votre touchant projet de prochaine visite à la métropole humaine, je vous engage à ne le réaliser que lorsque vous commencerez à pouvoir vous faire assez comprendre en français. Sans cela, vos contacts personnels seraient essentiellement avortés, et vous devez éviter de compromettre, par précipitation, l'efficacité principale de ce dispendieux voyage. Malgré la cordiale autorisation que je serais heureux de vous y donner pour assister aux réunions hebdomadaires de la Société positiviste, les relations fraternelles, que vous y pourriez former, seraient longtemps incapables de vous faire assez parler le français, si vous n'en aviez, avant de partir, contracté l'habitude. Toutefois, il est encore possible que cette condition ne retarde pas le voyage projeté. Si vous avez assez de contacts français à New-York, vous y pourriez pousser, à cet égard, une suffisante préparation, avant le mois que vous avez choisi pour cette course.

Peu de jours après m'avoir écrit, vous devez avoir reçu la réponse de M. Magnin, envoyée, par l'Angleterre, vers la fin de Décembre.

Il ne faut pas vous effrayer des légères déviations in-
volontairement survenues dans votre résolution de chasteté. Malgré ces perturbations, ordinairement inévita-
bles au début d'un tel régime, votre sage persévérance
vous aura bientôt délivré des sollicitations sexuelles,
surtout en évitant de vous en trop préoccuper, et
comptant sur les diversions naturellement résultées de
votre activité continue, tant corporelle que cérébrale.

Tout à vous.

AUGUSTE COMTE.

(10, rue Monsieur-le-Prince.)

IV

A M. John Metcalf,   à New-York.

Paris (10, *rue Monsieur-le-Prince*), le Lundi 5 Dante 69 (*).

Mon cher disciple,

Votre lettre du 20 Charlemagne, reçue hier, m'a profondément satisfait par votre digne acceptation de la
carrière normale que je vous ai finalement conseillée,
d'après l'ensemble de votre nature et de vos antécédents,
pour fournir aujourd'hui le vrai type décisif du prolétaire positiviste. Combinée avec la noble résolution de
votre éminent ami M. Edger envers le sacerdoce, cette
décision peut finalement puiser chez les Anglais trans-
plantés en Amérique, les meilleurs modèles de la régénération occidentale, qui, devant nécessairement surgir
à Paris, ne pouvait cependant y trouver ses premiers
types complets, théoriques ou pratiques, vu le scepticisme trop prolongé par lequel y furent naturellement
précédées les conversions initiales.

Déjà vous avez compris tous les devoirs que cette
mission vous impose dans l'existence personnelle, et
même domestique. Sous ce second aspect, je vous félicite d'avoir noblement terminé vos différends de famille
par un sage sacrifice, en remboursant à votre frère tout

____

(*) Le 20 juillet 1857. (J. L.)

ce qu'il avait lui-même fixé. L'intervention d'arbitres quelconques, quoiqu'elle vous eût probablement épargné quelque argent, n'aurait pas autant satisfait votre conscience, ni manifesté votre dignité.

C'est donc sur l'existence civique que je dois seulement insister pour avoir assez caractérisé l'ensemble de vos devoirs. Elle vous offre deux sortes d'obligations, les unes spéciales, les autres générales, qui sont également impérieuses, quoique rarement conciliées chez les prolétaires actuels. Votre premier devoir civique concerne vos occupations professionnelles, par lesquelles vous devenez, dans la religion positive, un vrai fonctionnaire public, quand même les autres ne vous apprécieraient pas ainsi. Le digne accomplissement de votre travail journalier, une noble vénération continue envers vos chefs industriels, vous fourniront les meilleurs moyens habituels de faire tacitement sentir la supériorité morale et sociale du positivisme. Mais tout le temps que vos fonctions spéciales rendent vraiment disponible, doit normalement appartenir à la saine appréciation et culture des plus vastes relations humaines, où la providence systématique du sacerdoce doit toujours être assistée, surtout aujourd'hui, par l'active spontanéité des prolétaires, et l'influence affective des femmes. Avant de considérer les trois aspects sociaux sous lesquels vous devez maintenant contempler cet office général, je dois d'abord indiquer la prescription qui leur est commune.

Elle consiste à combattre les deux tendances, également funestes et profondément connexes, par lesquelles le prolétariat occidental est radicalement corrompu, surtout chez le peuple central : d'une part, la disposition au déclassement ; d'une autre part, le penchant à l'emploi de la violence numérique pour résoudre les conflits quelconques. L'incorporation sociale du prolétariat occidental ne sera jamais réalisée, malgré tous les efforts du sacerdoce, tant que les meilleurs prolétaires n'auront pas irrévocablement abandonné tout projet de déserter leur classe en passant dans la bourgeoisie. Toutes les réclamations du prolétariat doivent maintenant sembler déclamatoires, quand on sait que la plupart des prolétaires actuels ne travaillent que par force, sans aucunement sentir la dignité du travail industriel, auquel chacun d'eux préfère secrètement l'existence égoïste et fainéante qu'ils reprochent aux riches. Il faut donc faire d'abord apprécier à tous vos frères occidentaux que l'utopie où tous les hommes vivraient d'un revenu quelconque est autant immorale qu'absurde, et que l'existence matérielle de l'immense majorité des citoyens doit uniquement reposer sur un salaire périodique. En second lieu, tout recours à la violence devient un contresens politique quand on aspire à fonder le régime final de l'activité pacifique : en se conduisant ainsi, les prolétaires occidentaux perpétuent, autant que possible, le système militaire qu'on doit partout éteindre en le transformant. Sans doute, le positivisme consacre, et même développe en le systématisant, l'emploi des ligues ouvrières pour faire convenablement hausser les salaires, surtout aujourd'hui ; mais il le représente toujours comme un moyen extrême, et l'oblige à respecter la libre spontanéité de chaque travailleur. Quant à la violence politique, elle est aussi contraire que possible à la vraie cause populaire, et ne profite qu'aux ambitions lettrées ou bourgeoises ; parce qu'elle empêche la formation et l'essor de la véritable opinion publique qui, sous la direction sacerdotale, deviendra la meilleure ressource sociale du prolétariat.

Tels sont les principes généraux que vous devez spécialement appliquer aux trois contacts successifs que comporte votre précieuse situation actuelle, d'abord envers les prolétaires américains, puis vis-à-vis de ceux de l'Angleterre, enfin à l'égard des prolétaires français.

Quant aux premiers, qu'il faut soigneusement séparer de tous les intrus européens, sans excepter les meilleurs, vous devez surtout vous attacher à discerner, au sein de la population *yankee*, les vrais descendants des dignes coopérateurs du grand Cromwell, qui préférèrent émigrer, par milliers, en Amérique, plutôt que de fléchir sous la royauté britannique. Malgré son attitude habituellement passive, il est moralement impossible que cette noble race ait jamais abandonné des aspirations sociales auxquelles on ne renonce que quand elles sont satisfaites. Cette classe n'est encore intervenue dans la politique américaine que pour la guerre de l'indépendance, dont le succès lui fut surtout dû, parce qu'elle sentait la rupture d'un lien essentiellement aristocratique comme alors indispensable à la régénération radicale qu'elle ne cessait de souhaiter. Retournée ensuite à son activité purement industrielle, elle attend une doctrine systématiquement capable de réaliser le programme spontané des cromwelliens. Il faut donc lui représenter le positivisme comme remplissant toutes les conditions, politiques et religieuses, de la construction qu'elle souhaite.

Des dispositions analogues doivent, à plus forte raison, exister au fond du prolétariat anglais. Sa torpeur apparente est surtout fondée sur le juste dédain qu'il applique à toutes les doctrines en circulation, et sur sa légitime défiance des lettrés quelconques, tous plus ou moins complices de l'oppression qu'il subit. Mais la même disposition reste aussi maintenue par la conviction instinctive que c'est à Paris, et non à Londres, qu'appartient l'élaboration de la doctrine propre à la régénération occidentale. L'ardeur unanime avec laquelle les prolétaires anglais accueillirent le début de la crise française a spontanément manifesté ce pressentiment tacite. Il suffit donc qu'une voix nullement suspecte, en tant qu'émanée de leur sein, leur dévoile l'accomplissement actuel de la grande construction religieuse que Paris pouvait seul établir, et qu'ils doivent maintenant approprier à leur situation, en se concertant avec les prolétaires français.

Relativement à ceux-ci, vos consciencieuses remontrances fraternelles doivent surtout consister à leur faire dignement sentir combien ils sont encore au-dessous de la mission rénovatrice dont l'ensemble du passé leur confère la noble initiative. Il est vraiment honteux que **M.** Magnin soit jusqu'ici le seul prolétaire français que le positivisme ait profondément converti, quoique ses anciennes habitudes révolutionnaires restent souvent prépondérantes dans les détails de la vie civique. L'attitude silencieuse des prolétaires anglais me semble infiniment préférable à la bruyante agitation empirique de leurs frères français, qui, d'après la dernière expérience officielle, n'ont pas fait, depuis neuf ans, un seul pas décisif hors de la métaphysique anarchique, et seraient tout prêts à seconder les mêmes aberrations, si nous avions le malheur de perdre, avant le temps normal, le salutaire dictateur où réside aujourd'hui notre unique garantie d'ordre public.

Je ne suis pas étonné d'apprendre que votre projet de visite parisienne est remis au printemps prochain. Vous ferez bien de ne l'exécuter qu'après la publication de votre précieux opuscule politique. C'est surtout ainsi que vous pourrez assez développer la principale efficacité sociale d'une telle tournée, en vous concertant avec l'éminent Congreve pour agir sur les vrais prolétaires anglais, comme je l'en ai suffisamment averti. Continuez, mon digne disciple, à croître en

Vénération et Dévouement.

Auguste Comte.

TABLE DES MATIÈRES

Le Mans. — Typographie Edmond Monnoyer.